# 3着の日記

memeが旅したRIGA

土曜社

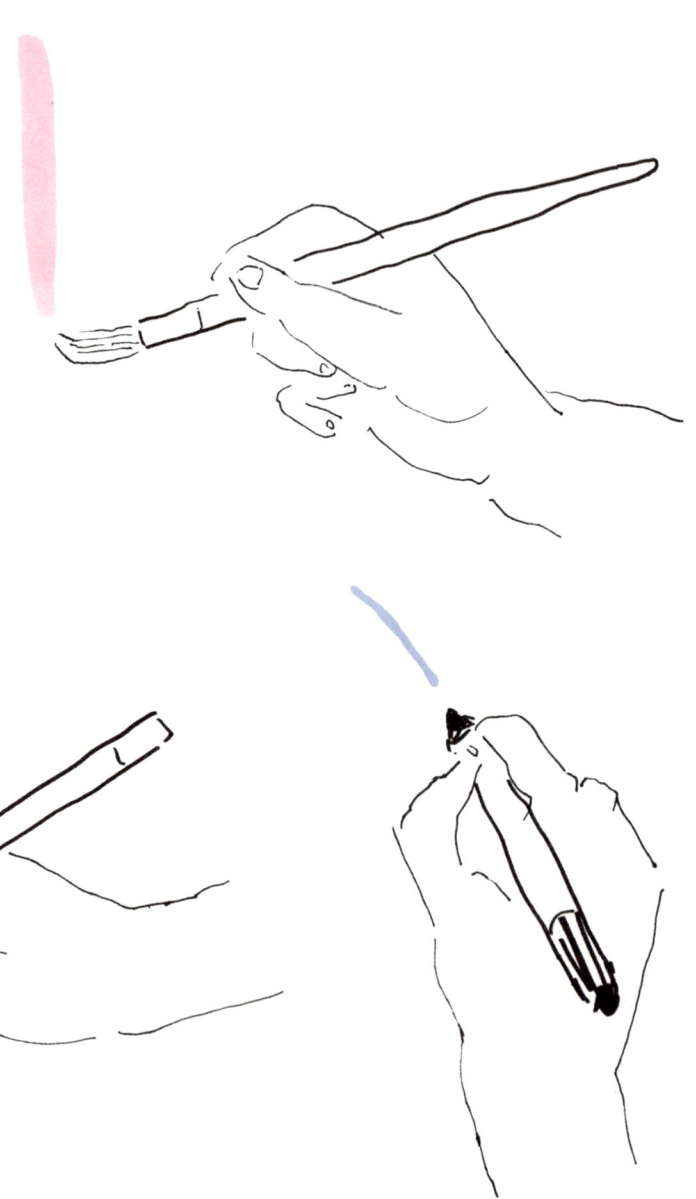

## はじめに

絵を描くことを仕事としている私たち3人は、2012年、
「日々綴る絵は日記である」ということを軸に、
絵と布のプロジェクト"meme"（ミーム）をはじめました。
最初の作品は、それぞれに日付をつけた100日分の絵。
それは100柄の布となって、色々な人の手に渡り、
あるときはカーテンに、あるときはワンピースに姿を変えて、
さらに誰かの新たな日記となっていくようでした。

2013年、わたしたちはラトビアの美しい首都「リガ」の存在を知りました。
まだ見ぬその土地へのあこがれは日を追って膨らんでいき、
3人でリガの旅を決めたとき、「絵と布」に「旅」を繋げる
memeの新たなプロジェクト、"ダイアリードレス"が生まれました。
白いドレスの上に、旅の日記を綴っていくことにしたのです。
こうして、3着のダイアリードレスと旅した私たちのリガの記録が、
一冊の本になりました。

この本が、あなたとリガとの出会いになれば嬉しいです。

2014年6月

*meme*

| Diary Dress |

ダイアリードレス　Dienasgrāmata kleita

ある夏の終わり、
memeは一冊の本を通して「リガ」という心惹かれる土地に出会いました。
「Riga？」「はじめて聞いた名前！」「リーガ？」「どこにあるんだろう？」
「リガ！」「どんな街だろう！」「どんな人がいるんだろう？」
馳せる想いはふくらみ、原動力となり、私たちは本当に「リガ」と出会うため、
旅をすることにしました。それもmemeらしい企みと一緒に……。

そして、2013年9月。
白いドレスを着た私たちは日本から飛行機に乗りました。
行き先はリガ。ラトビア共和国の首都です。
東京から8098キロメートル離れ、飛行機で12〜13時間のフライト。
世界地図を広げると、ヨーロッパの上、モスクワの左、フィンランドの下です。

# Finland

Turku
Helsinki
Stockholm
Tallinn
Санкт-Петербург
Riga
Moscow
København
Vilnius
Gdansk
Minsk
Szczecin
Białystok
Berlin
Warszawa

# Europe

Praha

| Taxi, TV Tower, Daugava River |

タクシー、TV塔、ダウガヴァ川　Taksometri, TV tornis, Daugava

街をのぞき、ぼんやり眺め、見渡し、凝視する、精察が得、見過ごし、みおろす、見続けるのは

川むこうの塔

川のむこうへ、の数日のドライブ ほしを渡る時 目にふれるのは、その 空へ まっすぐに伸びるその姿。

ある人は 東京タワーを想ていい

そして エッフェル塔を 憶った。

3人は、遠くの見等じもないかしらと。

diary >> 9 Sep 2013

009

# Ceramics Workshop Cepri

Limbažu novads Skultes pagasts

ラトビア陶器のアトリエ "ツェプリ" Ingrīdas Žagatas keramikas darbnīca Cepļi

旧市街から車で1時間ほど。
森に囲まれた草原にぽつんとある
イングリーダさんのアトリエ。
まるで絵本の中のような景色。
お庭にある木のトイレのかわいさといったら！

ここでラトビアの伝統陶芸を初体験。
3つの器は手作りの窯に入れられて、
陶器のような白猫ちゃんに見守られながら
完成を待つのです。

Tutiņš

diary >> 10 Sep 2013

011

革命の詩。戦士たちは詩集を胸ポケットに入れて戦ったという。

*Broken Pines*

*The towering pines near sea-shore sands,*
*The wind has broken with ruthless hands —*
*Their gaze on the future such yearnings extend,*
*Refusing concealment and scorning to bend:*

*"You broke us - despite it, you Tyrant-power,*
*Against you the fight is not done, in this hour,*
*Our very last moan carries faith in our fate,*
*Each bough hissing at you, incessant in hate!"*

*The towering pines, after breaking, will*
*Come up from the deeps like great ships, and still —*

*Against all storms raise a proud-heaving breast,*
*Against all storms anew the fight press:*

*"Now hurl on your billows, you dark Storm-pride,*
*We'll yet win the future, where happiness bides!*
*For spilit us you may and break us you might —*
*We'll yet win the future, where Dawn blazes bright!"*

---

嵐がわき起こり　そびえ立つ松の木々は　それでも
深き場所から　汚れなき船のように浮かび上がるだろう　それでも……

迫り来る幾重もの強風に向かって　誇りに満ちたその幹を伸ばし
迫り来る幾重もの強風に向かって　終わりなき戦いを挑もう

「さあ　うねるがいい　堕ちたる暴風よ
それでも我々は未来を勝ち取ろう　幸福の待つその瞬間を！
我々を引き裂け　我々を粉砕してしまえ……
それでも我々は未来を勝ち取ろう　輝き降り注ぐ夜明けへ！」

# Rainis and Broken Pines

ラトビアの国民的詩人ライニスの、

## Lauztās Priedes

Vējš augtākās priedes nolauza,
Kas kāpās pie Jūrmalas stāvēja, —
Pēc tālēm tās skatieniem gribēja sniegt,
Ne slēpties tās spēja, ne muguru liekt.

"Tu lauzi mūs, naidīgā pretvara, —
Vēl cīņa pret Tevi nav nobeigta,
Vēl ilgās pēc tāles dveš pēdējais vaids,
Ik zarā pret varu šņāc nerimstošs naids!"

Un augtākās priedes pēc lūzuma
Par kuģiem iz ūdeņiem iznira —

Pret vētru lepni cilājās krūts,
Pret vētru cīņa no jauna dūc:

"Brāz bangas, Tu naidīgā pretvara, —
Mēs tāles sniegsim, kur laimība!
Tu vari mūs šķelt, Tu vari mūs lauzt —
Mēs tāles sniegsim, kur saule aust!"

## 折れた松の木々

海辺の砂地　そびえ立つ松の木々
無慈悲に迫る幾つもの手のように　風が巻き起こる……
待ち望まれる未来に　照準を合わせながら
隠れることも　服従することもできない

「我々は粉砕された──　それでも　暴君よ
戦いは続く　今この時間にも
残された哀しみは　運命のなか　ひとひらの信念を生み
撓る枝のひとつひとつでお前を跳ね返そう　絶え間ない怒りとともに！」

ライニスと折れた松の木々　Rainis un Lauztās priedes

013

あ、待って、木々の間になにかがいる。動物？　枝がゆれた影？　それとも……？

| White Birch |

リガ郊外を車で走りぬける間、続いていた白樺の木。

白樺 Bērzs

diary >> 10 Sep 2013

Coins

2013年12月31日、EU加盟から約10年を経て、
ラトビア通貨であるラッツは役目を終えました。

Mzonētas　ラトビア硬貨

愛らしい硬貨たちよ。

ありがとう、さようなら。

# Cat House   Meistaru iela 19, Rīga

いわくつき？ 猫の家  Kaķu nams

猫の家だなんて、なんとも魅力的な名前。
旧市街にあるリーブ広場から黄色い建物を見上げると屋根に2匹、
背伸びした黒猫の像が見える。
この猫に関しては諸説あるそうで、
かつてここに住んでいた裕福なラトビア商人が、
職業別組合(ギルド)の会員になれなかった腹いせに、
ギルド会館にお尻を向けた猫を屋根に乗せたのだとか。

リガ空港で見つけて買ったエコバック。
ロック調で、ベストオブ黒ねこ！

※黒ねこをモチーフ。お土産屋でよく見かける。

diary >> 10 Sep 2013                           021

Muscari … Bright Future & disappointment
Lilium lancifolium … Return of happiness
Celosia … Sentimental
Pink Rose … impression of the moment
Marguerite … Real Love!
clover … Be mine.
Cirsium … revenge
Gardenia … I'm a happy I'm a lucky
Violet … Modesty

## Latvian

Lūdzu
ルーズ
どうぞ

Ābols
アーボルス
りんご

Labrit
ラブリート
おはよう

Septembris
セプテムブリス
9月

Rīts
リーツ
朝

Paldies
パルディエス
ありがとう

Nē
ネー
いいえ

Jā
ヤー
はい

Baltijas jūra
バロティヤス ユーラ
バルト海

Priekā!
プリエカー
乾杯!

Ar labu nakti
アル ラブ ナクティ
おやすみ

Lidy drizam
リーズ・ドリーザム
またね!

ラトビア語 Latviešu valoda

ラトビアの伝統工芸に手作りのミトンがある。厳しい冬に備えてこしらえるサマーワーク。
ひとつひとつに物語や願いが込められているなんて、どれも愛おしくなってしまう。

| Tines | R.Vāgnera iela 5, Rīga

ラトビアのニットウェアのお店　ティーネス　Tines

diary >> 10 Sep 2013

# Baskets of Hand Made

手作りのカゴ編みアトリエ Pīhumu Pasaule (grozu pīšana)

リンゴって木になるんだな。
そんな当たり前のことを感じさせるのは、旅だからかしら。
朝一番に向かったカゴ編み職人さんの工房。入ってすぐに、カゴ、カゴ、カゴ。
照明用のシェード、椅子、お菓子入れ、ベビーカー……何でもかんでも編んでる。
工房の中には素材となる柳のにおい。
1985年創業の家族経営の暖かい雰囲気のアトリエ。
おおらかなお母さんと、無口だけれど優しさあふれる職人気質のお父さん。
カゴ編みを教えてもらったあと案内していただいたお庭には、無造作に植えられた
ハーブと花たち。「リンゴ食べる？」みたいなことを言ってくれたのだろう。
お父さんが足でリンゴの木をゆらす。ぽと、ぽて、ぽと。
ころころと落ちてきたリンゴをお土産にくれた。その日のおやつになった。

diary >> 11 Sep 2013

"LM"のロゴマーク。ダブルクォーテーションが可愛い

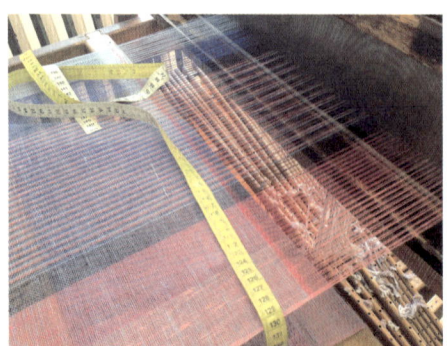

部屋みたいな工場

## ARS TELA + Creative Workshop LM

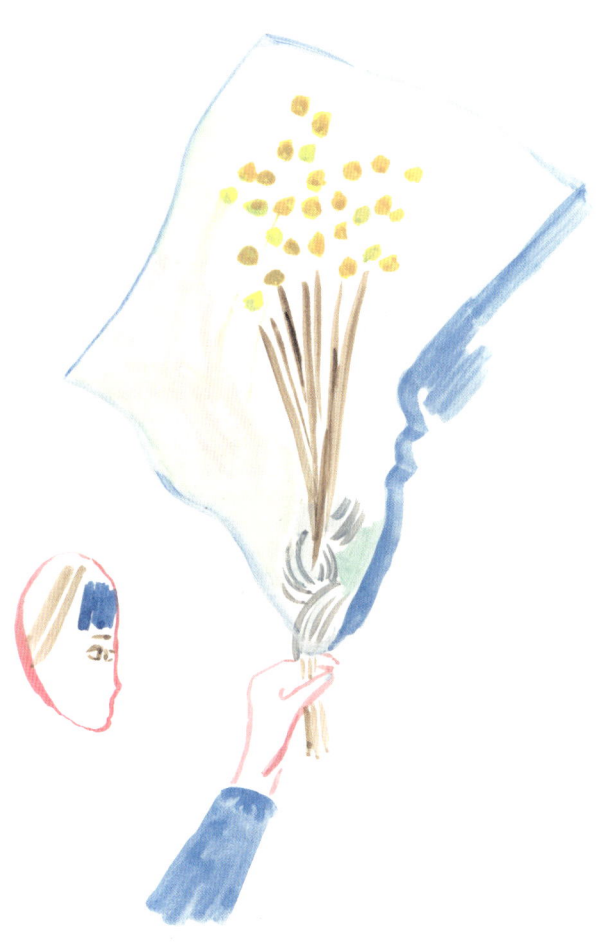

ARS TELA のアトリエショップとリリネンカンパニー LM　ARS TELA + Radošā darbnīca LM

リネンの花を、見たことはある？
"ARS TELA"でいただいた、リネンの花のドライフラワー。

diary >> 11 Sep 2013

# People Who We Met in Riga

やさしい人たち　Cilvēki, ko satiku Rīgā

diary >> 9 – 16 Sep 2013

People Who We Met in Riga

やさしい人たち　Cilvēki, ko satiku Rīgā

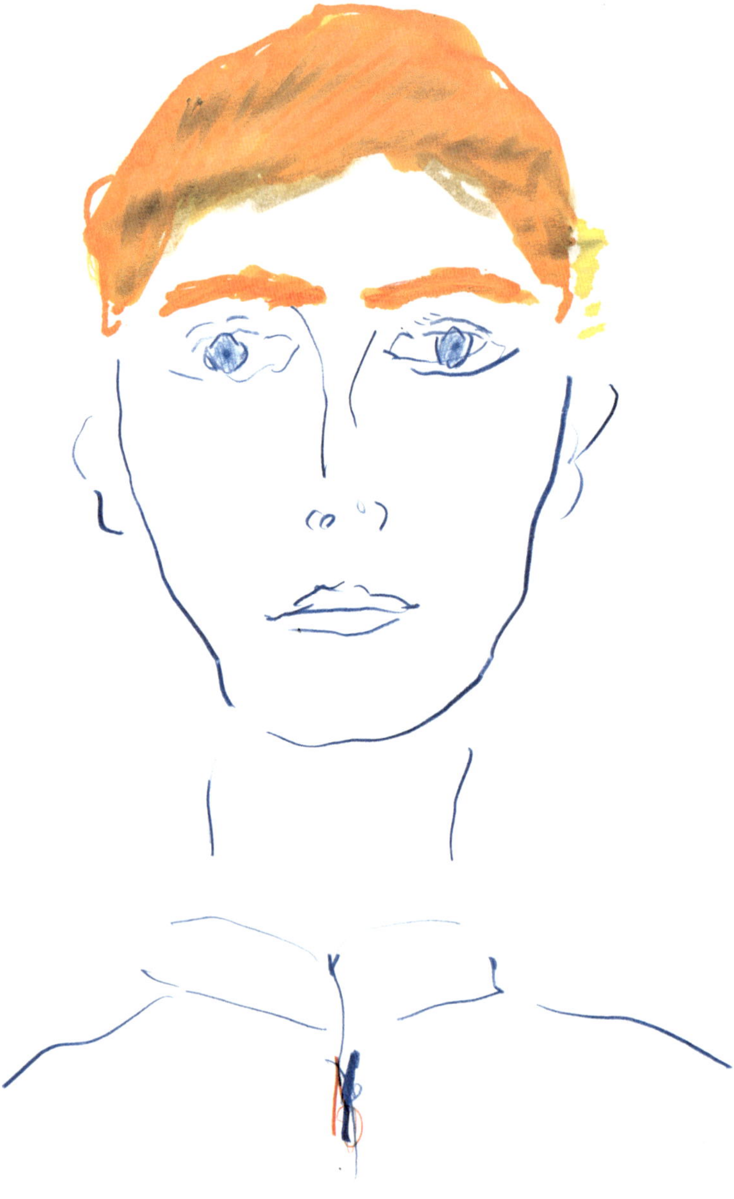

People Who We Met in Riga

やさしい人たち　Cilvēki, ko satiku Rīgā

diary >> 9 – 16 Sep 2013

ダイアリードレスに描き入れてもらう。みんな"ZIB"の洋服がとってもお似合い

ZIB

はじけるようにカラフルで独創的 シックテキスタイル ZIB textile

女性だけのかわいいアトリエにて

diary >> 12 Sep 2013

リガの人は花が大好き、そう聞いていたけど、本当だった。

街をゆく人たちは、花束を手にしているし、

フラワーマーケットの店先も、色とりどりの花でぎっしり。

# Riga and Bouquet

リガと花束　Riga un pušķis

diary >> 12 Sep 2013

| The Ancient Latvian Religion |

Ķekatas 自然への感謝を忘れないお祭り

いにしえから続く、ラトビア神道の春夏秋冬のお祭り。

手作りのお面で仮装をしたら村をねり歩いて厄払い。

来る年を清い状態で迎えるために。

# Latvian Masks

Trusis

Vārna

Pūce

Kaķis

ラトビアの手作りお面　Latviešu maskas

## Chika's Column

角の家

2014年5月、私は7歳になる娘と、広島の原爆ドームを訪れた。原爆ドームは、広島市の中心地の美しく静かな川沿いにある。

私たちが着いたのは、日が暮れてライトアップされている時間帯だった。娘が、開口一番放った言葉が「なんかこわい……」だった。彼女からすると、壊れた建物だ。その壊れた建物が厳重に保管され、夜も見えるように照明に照らされているのだ。
「どうして壊れてる建物をこのままにしてると思う?」
「どうしてこんな頑丈な建物が壊れたと思う?」
その問いだけで十分な気がした。西暦何年に、どこの国のだれが、なぜ、どうしたなんて、歴史のテストの世界で、私はただただ、「戦争ってとてつもなく恐ろしく、悲しいことなんだよ」って、娘と共感できたらいいなと願った。

そういえば、同じ感情を去年の9月ラトビアのリガの街でも感じたことが甦る。目的地への通りがかりに、立ち寄った場所がある。すこし心して、立ち寄った場所。それは街の中にある一角。名前は「角の家」。かつてそこでは想像を絶する悲惨な大虐殺があったという。重々しい佇まいがそこにいるだけで伝わってくるし、中に入れないのだけど、扉にはその歴史が刻印されている。

私たちは、そこでなにかとても悲しい気持ちになった。そして、その刻印された文字と持ってきた多少の資料から当時を想像した。今もなお、この場所にそのままの形で残されているということに、大きな意味を感じた。

ただ、ここにある。それだけで、訴えてくるものがあるのだと痛切に感じた。

PADOMJU
OKUPACIJAS LAIKA
VALSTS DROŠIBAS
IESTADE /ČEKA/
ŠAJUS UPURUS
ŠEIT IESLODZIJA,
MOCALINAJA UN
MORALI PAZEMOJA.

STURA MAJA
1940 - 1941
1944 - 1991
CORNER HOUSE

DURING THE SOVIET
OCCUPATION THE
STATE SECURITY
AGENCY / KGB /
IMPRISONED
TORTURED ITS
VICTIMS IN THIS
BUILDING

街にチョコレート工場があるから、夜風もほんのりチョコレートの香り♡

Labvakar　ラブヴァカル
こんばんは

Uz redzēšanos　ウズ　レゼーシャノス
さようなら／またお会いしましょう

Ar labu nakti　アル　ラブ　ナクティ
おやすみなさい

Jā　ヤー
はい

Nē　ネー
いいえ

ラトビア語のあいさつには「ラブ」がある

| DAD cafe | Miera iela 17, Rīga

愛あふれる夜のこと　DAD cafe

diary >> 12 Sep 2013

# Things We Met While Out for a Walk

Lietas, ar ko sastapos pastaigājoties 散歩していて出会ったもの

ラトビアでも、タンポポを見かけた。
ラトビア語で「タンポポ」という名前のお店があって、何度かお茶をした。
おしゃれなセレクト雑貨と、オーガニックでヘルシーなメニュー。
謎のスペシャルドリンク（青汁的）がある。

夜の散歩で秋田犬に出会う、名前はたけし。

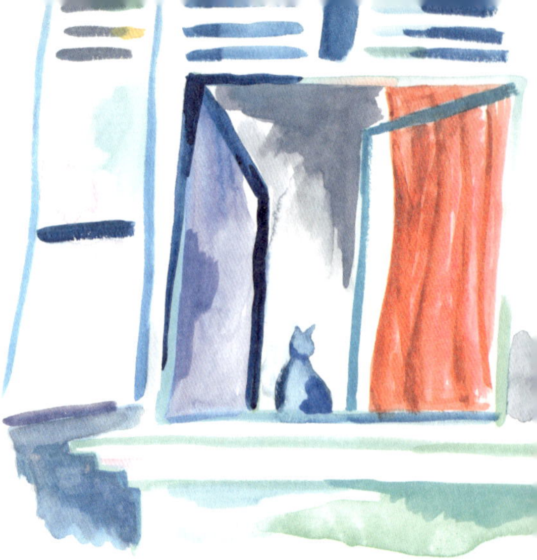

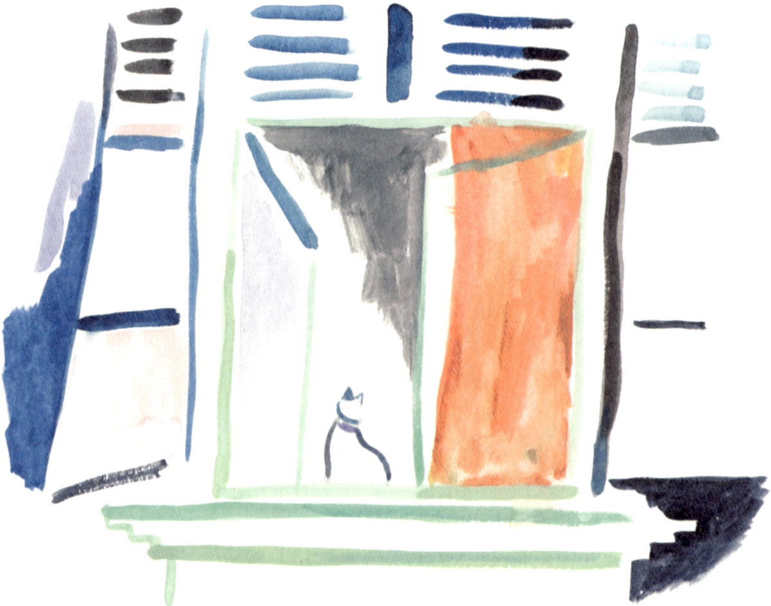

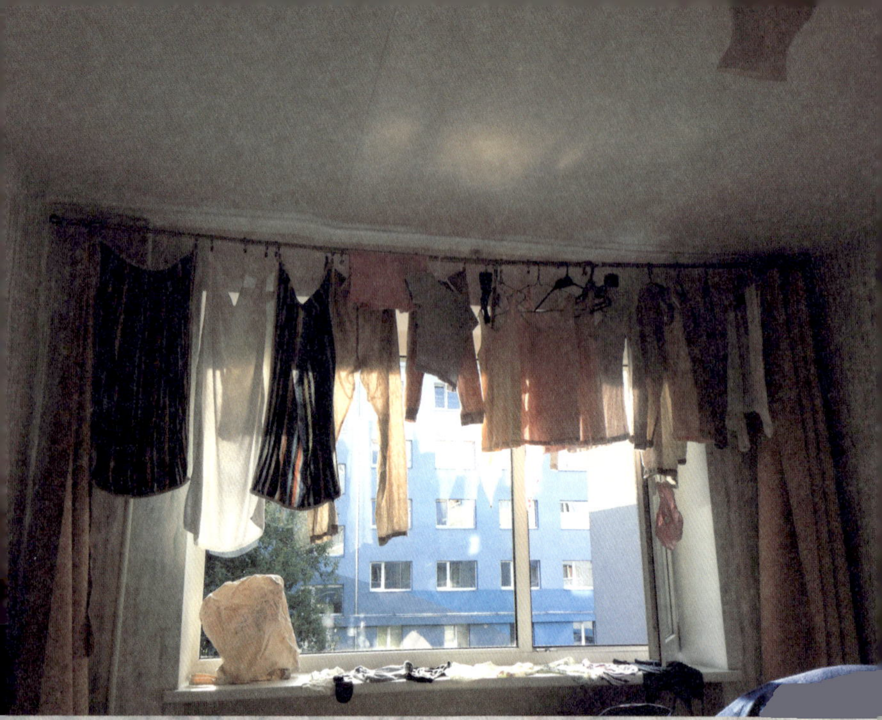

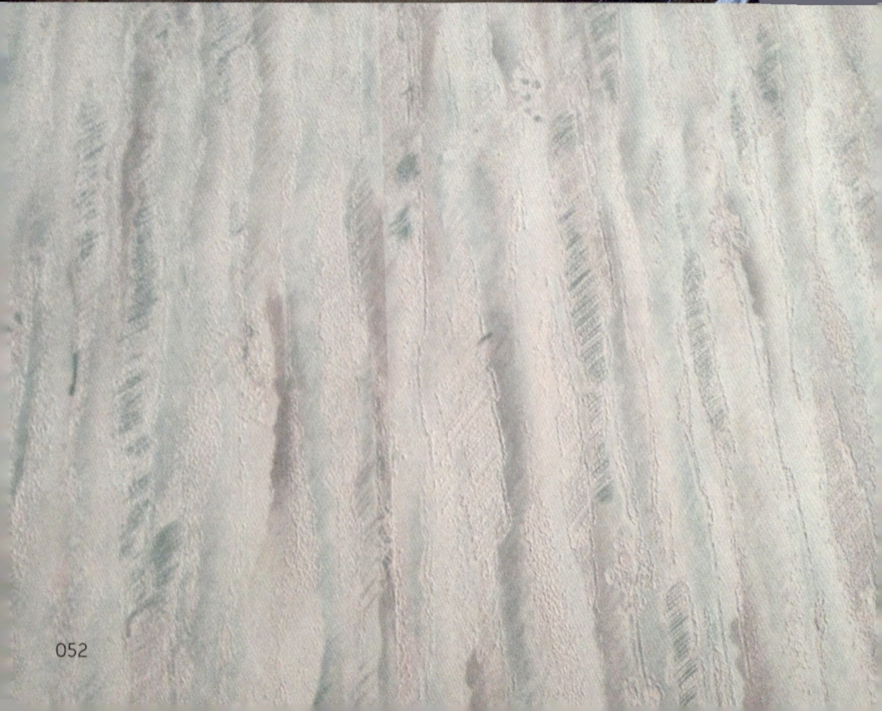

*Breakfast*

朝食 Brokastis

ショーケースに並ぶヨーグルトみたいなものは、
ヨーグルトとは似て非なるケフィア！
朝食を食べながら一日のスケジュールを決める。
「おはよう」
「今日はどこに行こう？」

毎日食べていたケフィア.

diary >> 9 - 16 Sep 2013

Brīvības gatve 440, Rīga

森の中を歩いて、点在する建物をまわる

# The Ethnographic Open-Air Museum of Latvia

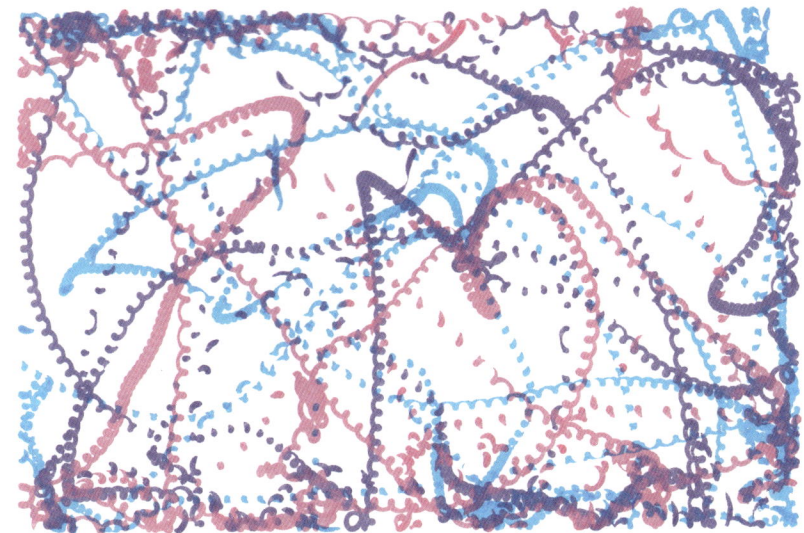

ラトビア民族野外博物館　Latvijas Etnogrāfiskais brīvdabas muzejs

独楽が描いたドローイング

古い遊びを教えてくれたおじいさん。民族衣装もさすがの着こなし

055

赤ちゃんのゆりかごにブランケット

博物館内のスタッフは民族衣装を着ている

ラトビアの古いおもちゃ、竹馬や独楽もあった

雪でぬれてしまったミトン、干していたんだね

どんなひとが眠り、どんな夢をみたのだろう

教会の天井画

# The Ethnographic Open-Air Museum of Latvia

ラトビア民族野外博物館　Latvijas Etnogrāfiskais brīvdabas muzejs

古い教会の窓

oak / Laurel / lauru koks / ozols

魔女 女の子 男の子
ラトビアの木々

diary >> 13 Sep 2013

057

Doma laukums 1　　Riga Cathedral

オールド・リガ、石畳の街、見上げると大聖堂。

Rīgas Doms　リガ大聖堂

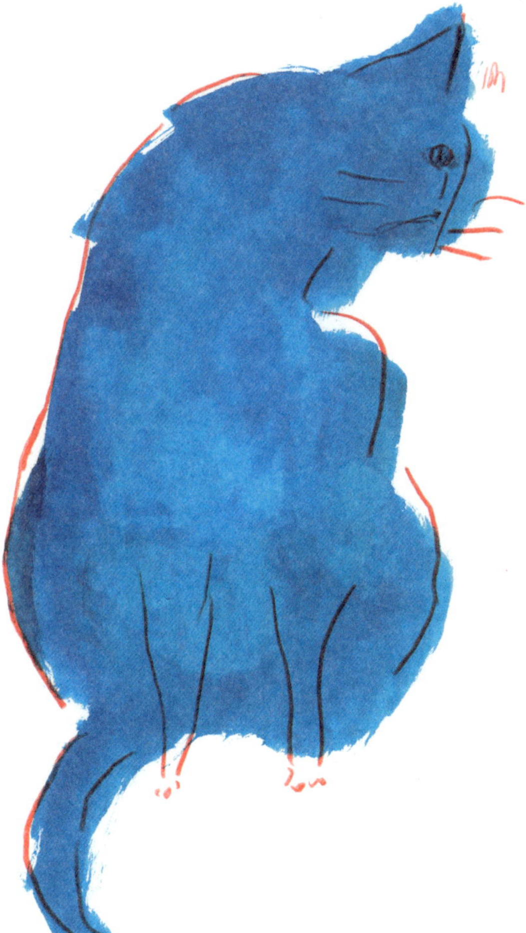

Izumi's Column

「薬草」……。その魔法めいた響きに心揺さぶられてしまう。今回の旅でこれは絶対買って帰る！と鼻息を荒くしたのがリガの薬草酒ブラックバルザム。18世紀の薬剤師が考えたレシピをもとに24種類のハーブの葉や花が使われ、最後は厚い陶器の瓶に入れて熟成を待つという。アルコール度数は45度。風邪気味のときには温めた黒スグリのジュースと割っていただくとよいのだそう。ほろ苦い褐色のお酒をいただきながらぼんやり、リガが辿った歴史に想いを馳せる。

"Flowers and Poems are Real"

とっさにとった、メモ。

ひざの上にラトビア

# Diary Dress

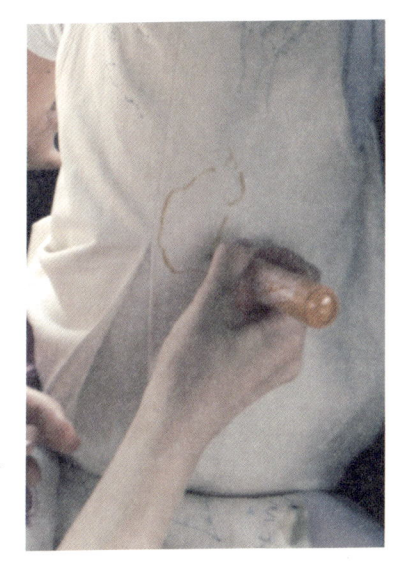

出会いの記録　Ieraksts par tikšanos

「ラブディエン！　わたしのドレスに、あなたの日記を描いてくれませんか？」

diary >> 9 - 16 Sep 2013

063

V.Ķuze: Jekaba iela 20/22-1, Rīga

チョコレートカフェ、V・キュゼ。
アールデコの内装が素敵で、お気に入りになった。

「なんだかチョコレートの香りがしませんか？」
「チョコレート工場があるのよ」

工場から流れ出す香りをきっかけに
ラトビアを代表するチョコレートメーカー"LAIMA"に出会った。
包み紙には鳥やクマがプリントされていて可愛い。

リガの思い出は、すこしチョコレートの香りがする。

チョコレートの香りを確かめたいなら、
芸術劇場からミエラ通りに入るあたりに行ってみて！

| Chocolate - Laima & V.Kuze | Laima: Miera iela 17, Rīga

チョコレートのライマとV・キュゼ　Šokolāde

自由記念碑の近くで時計台にもなっている "LAIMA"（ライマ）。
リガっ子の待ち合わせといえばここなんだとか。

diary >> 13 Sep 2013

065

18世紀からあるという古い木造建築が並ぶクラシックなエリアで月に2回、週末に開催されているクラフトマーケット。手作りのニット、オーガニック石鹸、蜂蜜、朝採り野菜、ワイン、山羊チーズなど作り手の愛情やこだわりを感じるものがたくさん並んでいて、お店の方との会話も楽しい。人形劇や手押しの回転木馬もあって、親子でゆったり過ごす人も多く、温かい雰囲気。"Ecocatering"などおいしいレストランも出店しているので食事も充実。近くにあったら毎回でも通いたい。

# Kalnciema Street Market | Kalnciema iela, Rīga

ゆったりしていて心地いいクラフトマーケット　Kalnciema ielas tirdziņš

寒い朝、カフェラテを片手に

いたる所にリンゴの木

みんなアイスが大好きみたい

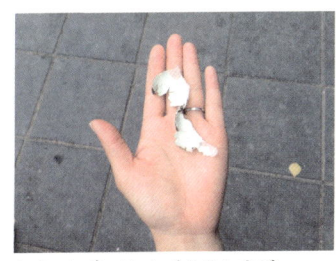

おやつに食べたウズラのたまご

夕ご飯用に買ったキノコ、美味！

宝石みたいなベリー

ラトビアは蜂蜜でも有名

「わたしのサマーワークなのよ」と

diary >> 14 Sep 2013

067

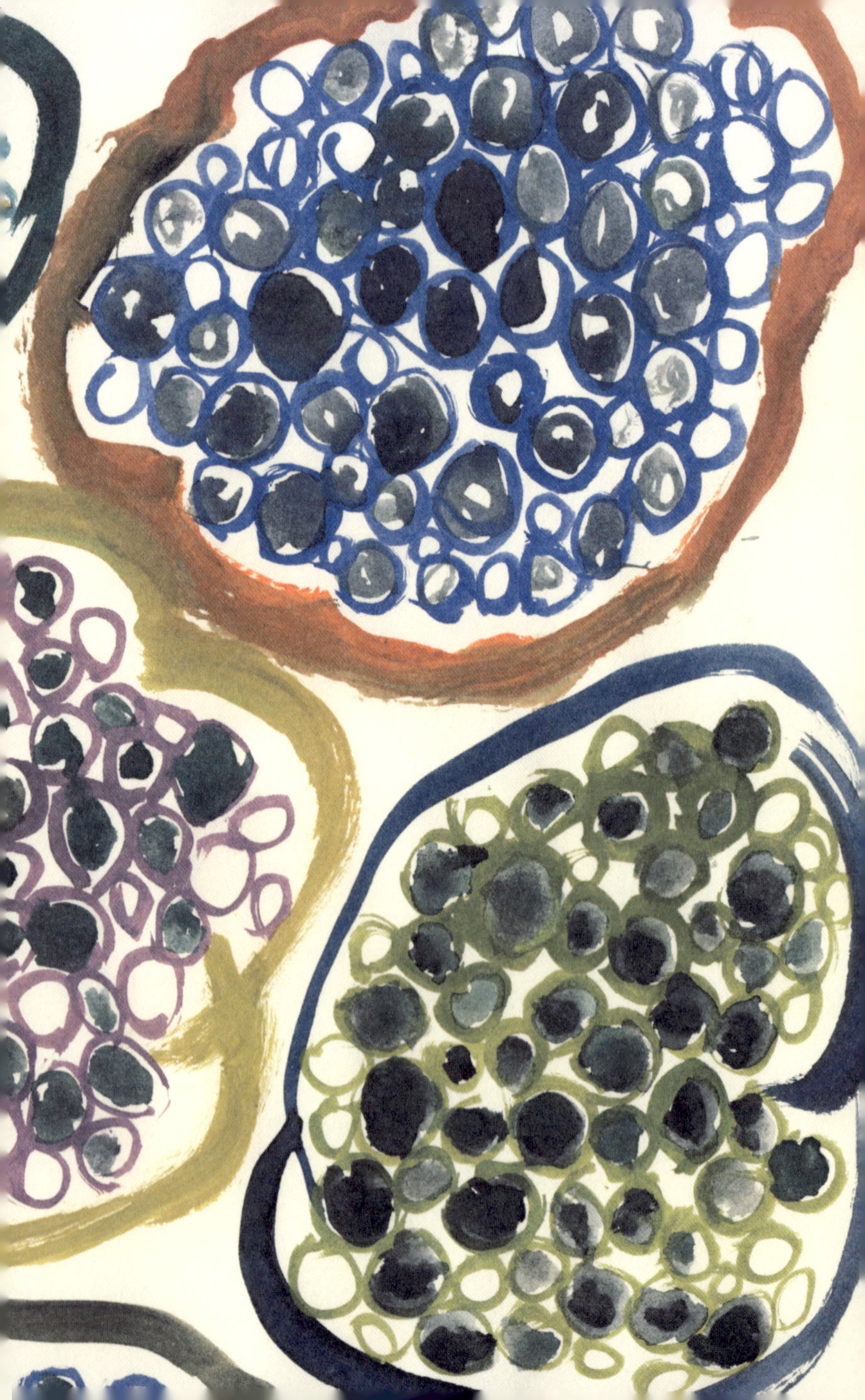

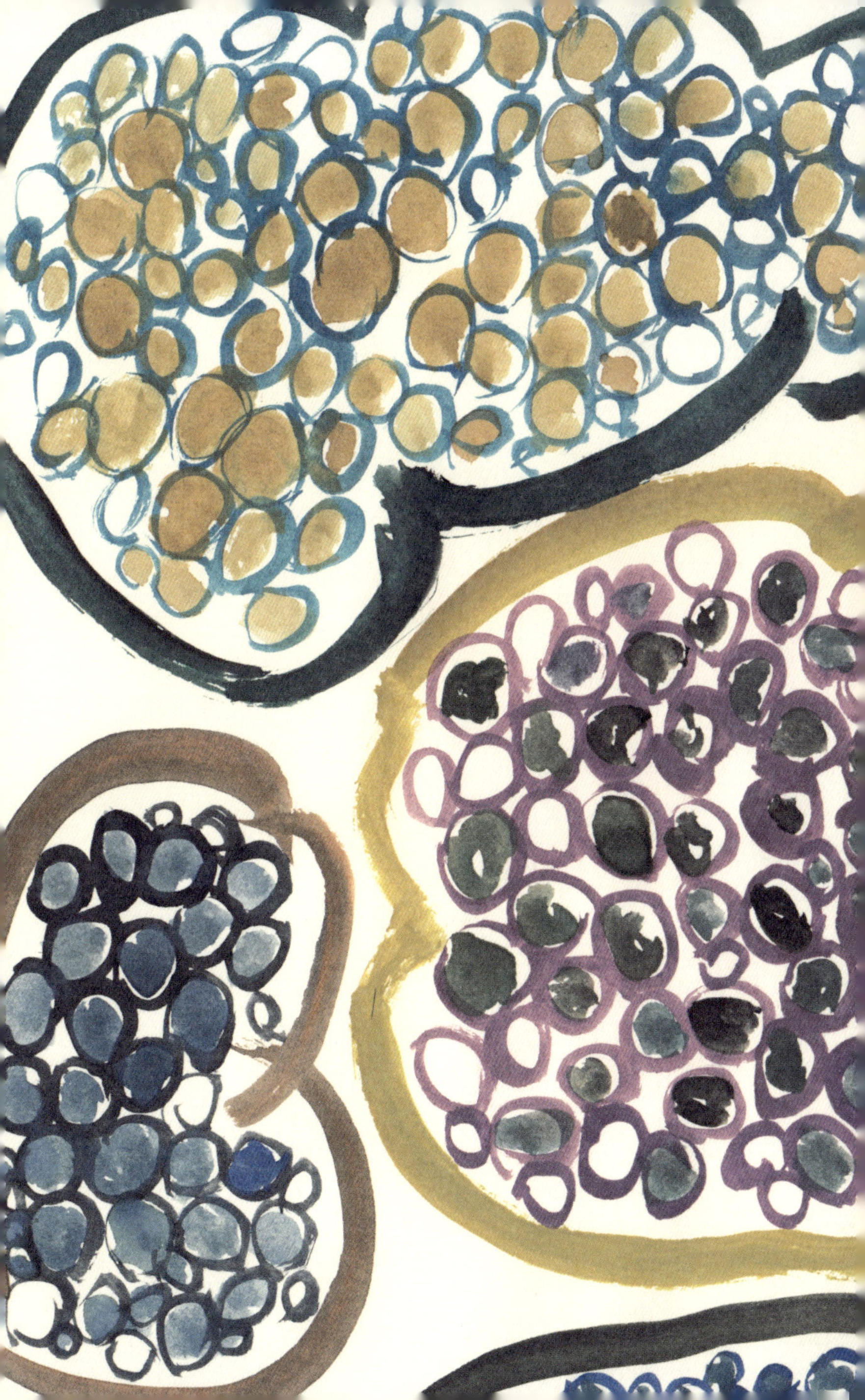

花屋さんがとても多い。こちらはバラの苗を売っている

　1930年に開業した、バルト海随一の規模といわれる生鮮市場。みんな足早に今日必要な食材を選んで買っていくようだ。そしてとにかくすごい数の人、人、人。思わずカバンを体の前で抱きしめてしまう。

　モスクワが近いので、キッチュな生活雑貨やノスタルジックな柄のエプロンやワンピースにロシアを感じる。異国の生活や食文化を目の当たりにできる市場は、目的なく散策するだけでも本当に面白い。

## Riga Central Market

Nēģu iela, 7, Rīga

リアルな生活を感じられる中央市場　Rīgas Centrāltirgus

精肉や魚介が並ぶ

みごとなブーケガルニ、美味しいスープに
なることでしょう

乾燥ハーブがたくさん

Labdien!（ラブディエン！）

diary >> 14 Sep 2013

071

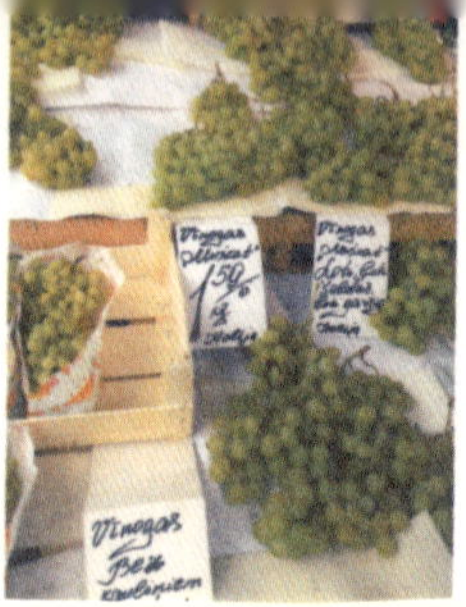

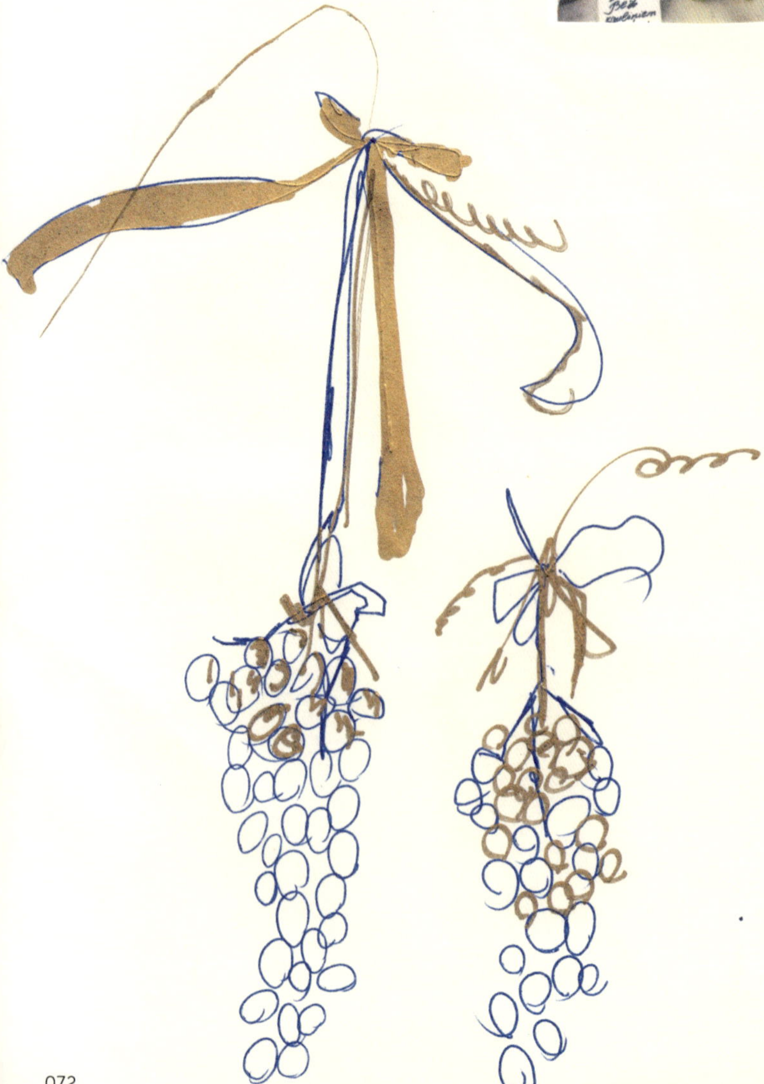

## Things I Met in the Market

市場で出会ったウズラのたまごに夢中
になる。魅了されたそのわけは……

マーケットで出会ったもの　Lietas, ko atradu tirgū

diary >> 14 Sep 2013

073

...999.1.2.9.4.5.6.66 6666 TT1.11..
PRUSSIAN BLUE 8900.

891023456789102345678935;)(!?
3.23Ls.25.26.27.28.4.100÷
(20)80−Taxi−20 (60) 15 (10) OOO

green, blue, breath, call.
☆ call my name, 1. 2. 3..
one. one LOVE. I thre
6668±584216.4 5TEC
Bell Bell Bell Bell Bell Bell

HAG HAG HAG HAG HAG HAG HAG
HAG HAG HAG HAG HAG HAG HAG
RAINING RAIN RAINING RAIN RAINING RAIN

CRY CRY CRY CRY CRY CRY CRY C
SWIM SWIM SWIM SWIM SWIM SWIM SWIM SWI

Ca elle

3.29Ls9.29Ls9.29LsJ.29LsLaLuLoJ.
88888999999991049109919005
HLSSSSSSSSSSSSSSSSSSSSS
HHHHHHHHHHHHHH

01234567
3.23Ls
9/29
OOO

Tree
☆ ☆
one
////
8⊥
Bell

WALK
SING
RUN
RUN
FIY
SING
PLAY
DANCE
CUT
EAT
SLEEP

空の色、瞳の色、木々の色、光の色。リガの色を採集する。

077

# Hisae's Column

　ラトビアに「折れた松の木々」というタイトルの詩があることを知ったのは旅のさなか。

　帰国後、原題が「Lauztās prides」であること、作者はライニスという名前で、ラトビアの国民的詩人かつ社会運動家であることを知った。日本語の資料がほとんどないライニスについて、それ以上詳しく知ることはできなかったけれど、同じく詩人で女性解放運動家の、妻アスパジャとの写真を見つけた。

　そこに写っていたのは、草上で日傘をさし、座る二人。庭のテーブルで向かいあう二人。詩を読みあっているように見える二人。花を手にするアスパジャと、となりに座るライニス……。写真の中の二人の暮らしの断片は、旅で見た印象的な風景と、どこか重なった。

　革命のさなかにも、このような瞬間はあっただろうか。そして、この国の革命が、詩や歌とともにあったことも知る。兵士たちが胸ポケットに入れていたのが、冒頭の「折れた松の木々」であること。歌声によって独立をなし遂げた、歌う革命について。

　占領下の圧政の中でも、希望の歌や詩、民族の誇りを失わなかったことと、暮らしが続けられていたことは、遠いようで、近いような気がする。旅で見た、お茶会のテーブル、庭のリンゴ、愛おしむ短い夏、街ゆく人の手にある花束のことを思い出す。

　何気なく出会った小さなキーワードをきっかけに、いろいろな印象がつながって、思いがけず長いネックレスができたなら、旅は忘れがたいものになる。

　それは、スケッチみたいな個人的な記憶だけれど、その記憶が、この先また変化したり、違うなにかを知るきっかけにもなるとしたら、旅のあとも、旅は続いているのかもしれないし、絵もそうやって終わりなく続いていくのだろう。

　このネックレスを首にひっかけて、また、旅を夢みよう。

※012〜013頁に「折れた松の木々」の全訳があります。

Rainis un Aspazija

Cake

Bonheur

kūka　ボヌールのおいしいケーキ

$\boxed{Secret\ Door}$  Blaumaņa iela 12a, Rīga

秘密のドア　Slepenās durvis

　　　　　　　　ボ ネ ー ラ　　　ボ ヌ ー ル
　　　　　　　BONERA＝Bonheurの地下で、
　　　幸せなファッションのゴーストとすれちがう。
　　ドットとストライプ、チェッカーの空間。秘密の扉。

diary >> 14 Sep 2013

081

Dance

Irohas deja いろはのダンス

6歳の彼女が、マイケル・ジャクソンの曲ですばらしい即興ダンスショーをしてくれた夜。

iroha
dance

Rabbit "Lily"

bed

うさぎのリリー　Trusis "Lily"

いっしょに旅している、
ベルリン生まれのうさぎのリリー。

083

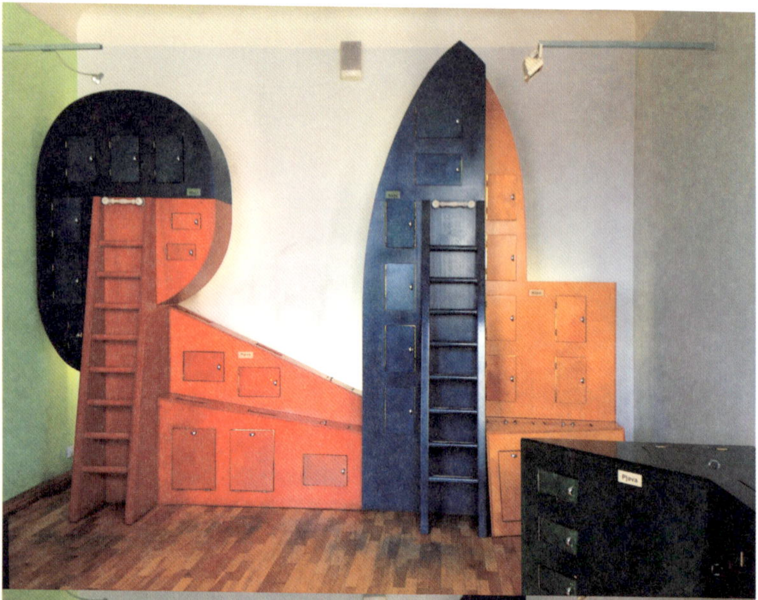
Pjava
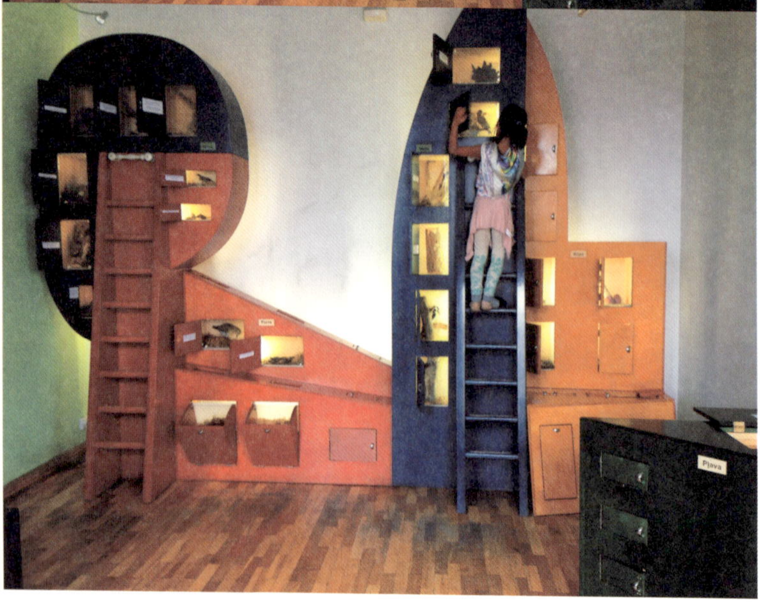
Pjava

# The Latvian Museum of Natural History

K.Barona iela 4, Rīga

自然歴史博物館　Latvijas Dabas muzejs

IMG_7487

diary >> 15 Sep 2013

085

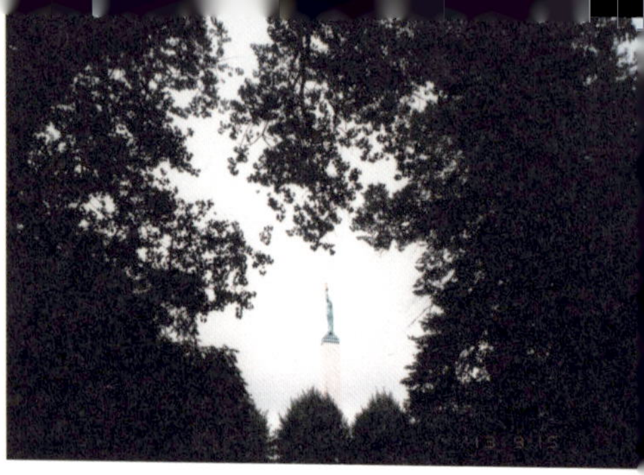

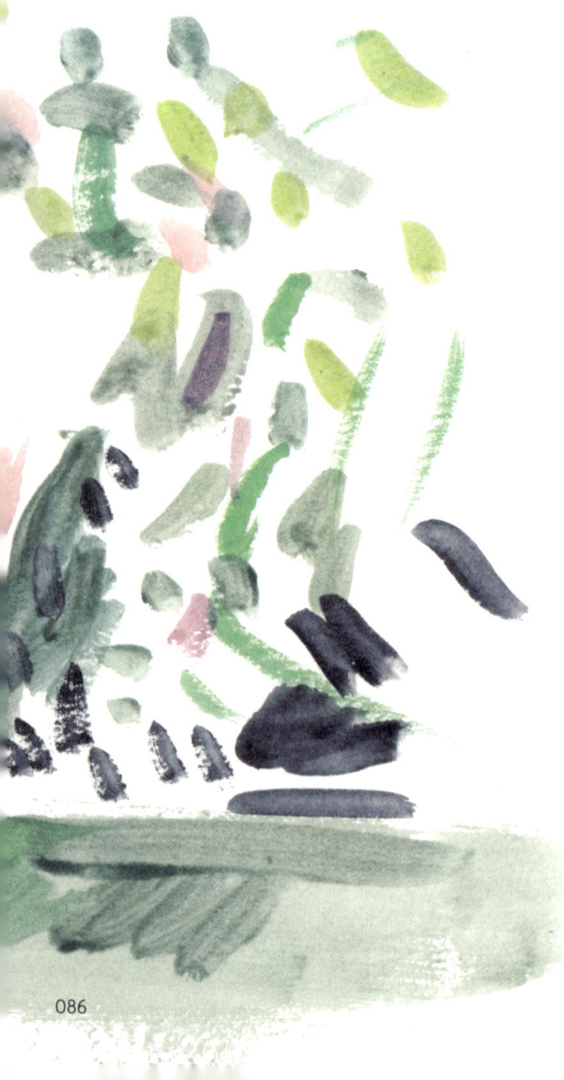

# The Freedom Monument

Brīvības bulvāris, Rīga

国立オペラ座周辺にひろがる公園の、木々のすきまから見える自由記念碑。
1935年、独立を記念して建てられたこの塔は「祖国と自由」に捧げられている。
高さ51メートルの塔の上から自由を見守るのは、"Milda"(ミルダ)の愛称をもつ自由の女神。
幾多の国に占領されながら、自由のために戦い続けてきた歴史がこの街の根底にある。

自由記念碑 Brīvības piemineklis

diary >> 15 Sep 2013

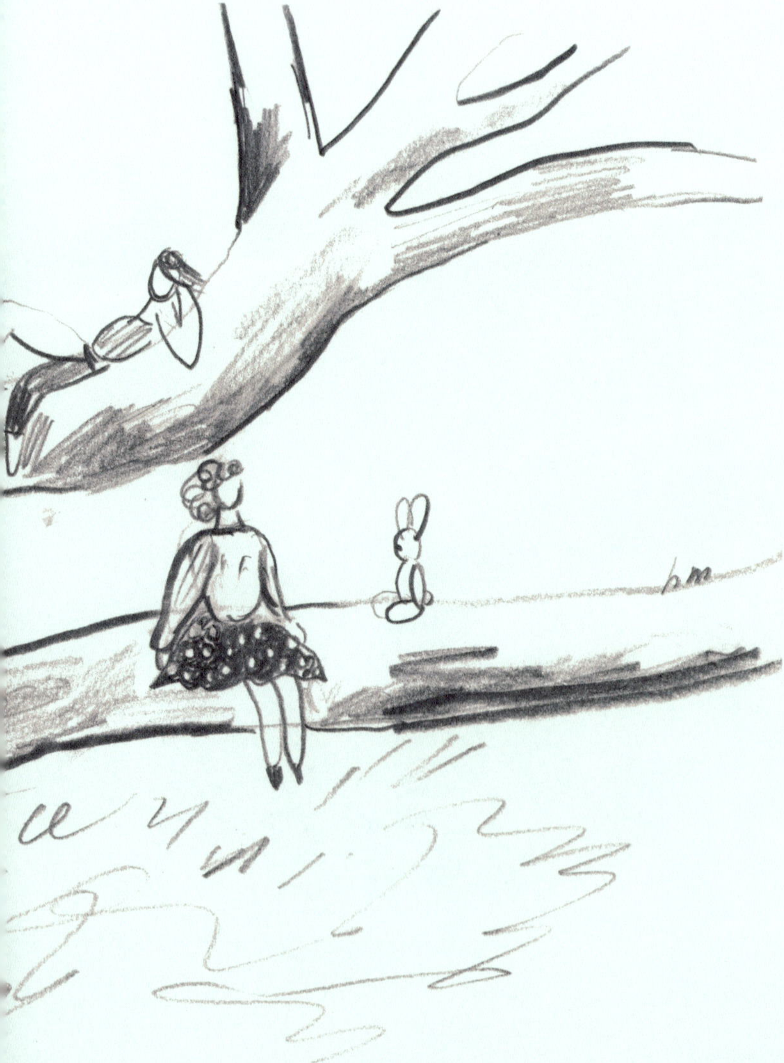

## The Tree Named "meme tree"

歩くのにつかれた私たちは、ちょうどいい木を見つけた。
これって物語に出てくるかんじ。
何度もここに来たから、そのうち、memeの木という名前をつけた。
この木に名前をつけた人が、私たちのほかにもいるかも知れない。

ミームの木　Koks ar nosaukumu "meme koks"

Melon

Melone　ラトビアで食したロシア産メロン

Postmark

郵便スタンプ  Pasta zīmogs

ラトビア・リガ

LATVJAS
latvjas

21. Oktobris 2012
RiS

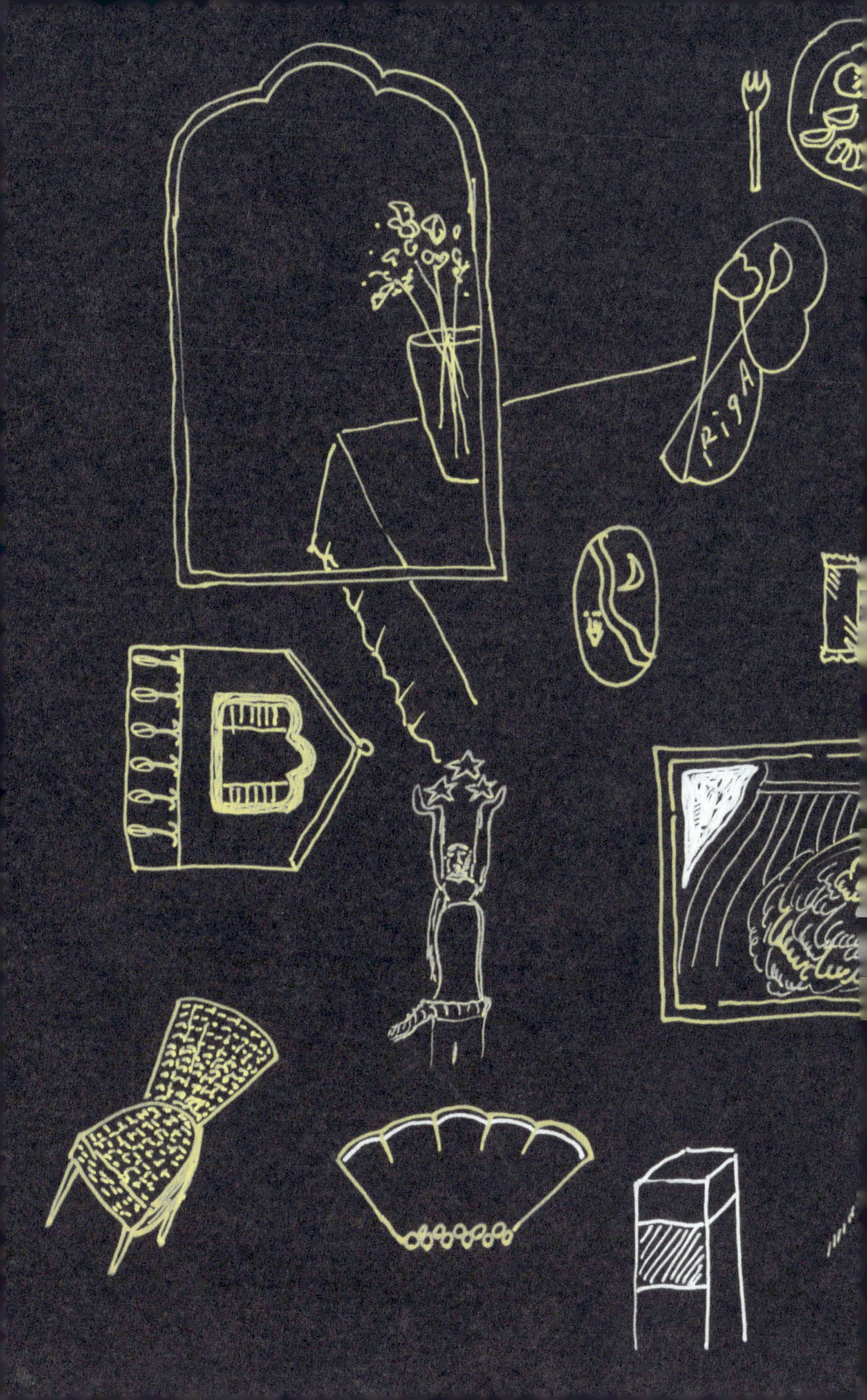
RigA

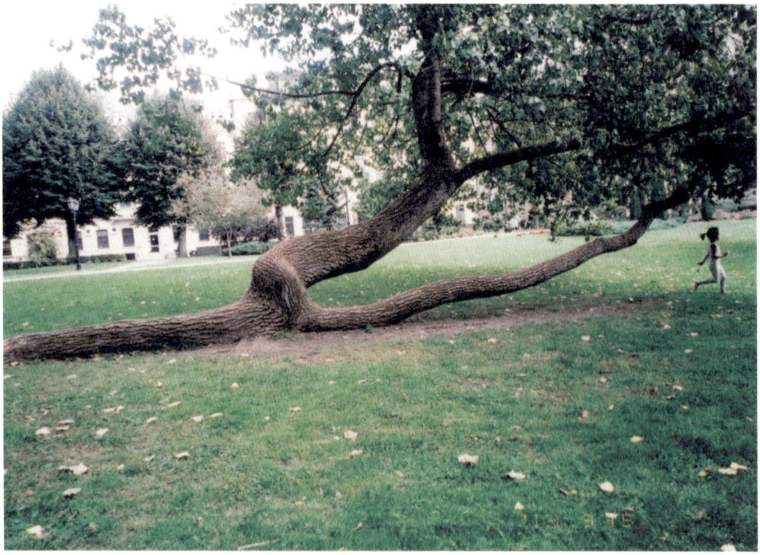

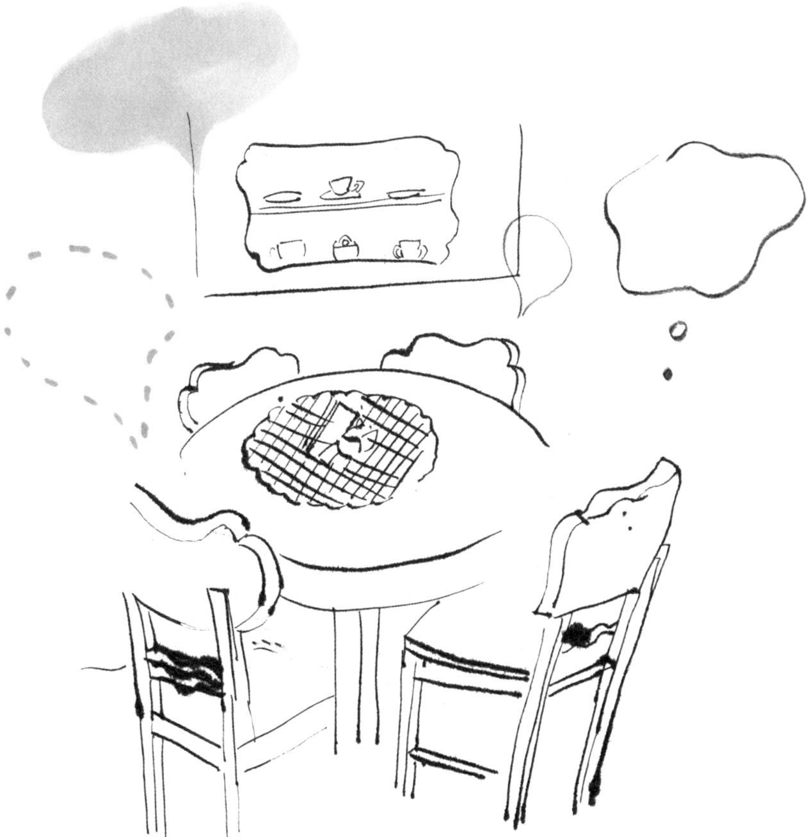

Chika Higashi

9 september 2013

　7:35発、ドイツのトイヒュトリゲンから電車で移動。10日間お世話になったドイツの牧場からのさよならの朝。

　涙がいっぱい。

　乗り換えのミュンヘンに着いて、牧場のクリスティーナさんが持たせてくれた黒パンとゆで卵とミネラルウォーターをお昼ご飯にする。ミュンヘンからリガまで飛行機でおよそ2時間半。途中、乗り換えを間違い、さらに娘が電車に酔ってしまい、どうしよう……とすこし青ざめたけれど、無事リガの地に降り立った。

　リガのタクシーは亀虫色のバルティックタクシーが主流で、もれなく搭乗。小さくなるリガ空港を背に、空港に大きく掲げられた「RIGA」の立体文字を見て、すこしぼかんとなる。どうしてもこうしても好きな人と添えないことはあるけれど、努力すればかなう出来事もある。

　合宿先に荷物を置く。みんなと夜中にここで合流する。久しぶりのミームだ。

　とうとう始まる、ダイアリードレス。

Hisae Maeda

Izumi Shiokawa

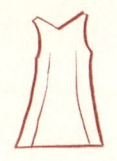

　徹夜で仕事を片付けていたら、あっという間に出発の朝。戻ったらもう夏は終わっているだろうか。

　NRT－AMS……飛行機の進行を告げる、モニター上の地球儀のラインを見ながら眠る。

　重力に反して雲の上にいること、いつも不思議に思う。マイケルとダイアナ版オズの魔法使いの「ウィズ」を見る。

　AMS－RIX……リガに到着。タクシーの運転手さんに、宿泊先のビジネススクールの場所を告げると、車は、夜のリーガを、リガを、走り出した。エイティーズな音楽が、流れている。私たちのこと、ビジネスを学びにきたんだって、思ってるかしら、なんて思いながら目にとびこむ景色をぼんやりとうつしていた。東京にいるときより夜が濃く、音や気配を、強く感じる。影も濃いみたいで、シャミッソーの影の話を思い出す。

　寮の部屋は、木のベッドが4つならんでいる。こんなにまっさらな気持ちで、知らない土地に降り立つのは初めてで、私の知っているラトビアといったら、先の7月に飲んだお酒のブラックバルザムと『リガ案内』ぐらい。どんな旅になるだろうか。すこしおしゃべりをしたあと、眠りにつく。

　昨日までの怒涛の仕事をくぐり抜けて、成田空港の搭乗ロビー。

　去年の今ごろ、ちかちゃんが「この国がとても気になっているの！」と差し出した本『リガ案内』。それがはじまりのはじまりで、そして一年後の今日、はじまろうとしている旅。本当にこの日が巡ってくるだなんて！　私たちこれからラトビアに行くんですよと大きな声で叫びたい。

　お天気がいいなあ。眠たい。

　夜の11時近く、ラトビアのリガに到着。真夜中のタクシーなんて怖いんじゃないかとドキドキしていたけど、問題なく、道にも迷わず、目的地着。先に到着していたちかちゃんと彼女の娘のいろはに合流。なんでだろう涙が出そう。

　泊まったのは学生寮。共同トイレ、共同シャワールーム、番号がふられた部屋が並ぶ廊下。壁紙もいつか見たペンションの壁みたい。

　時間をさかのぼって飛んできたから今はまだ9月9日。長い長い一日が終わる。

Chika Higashi

10 september 2013

　1日目。リガのことにまだたくさん触れてない、朝。初めましての、ヤドヴィーガさんとビルニスさんが宿泊先のゲストハウスまで迎えに来てくれた。

　午前中、陶器のアトリエを訪問。車中どんないきさつだったか、やおよろずの神の話になる。

　ランチはバルト海を見ながら食べようと言われ、私たちは歓声を上げた。思わず、靴を脱ぎみんな裸足になった（娘は裸になって泳ぐと言い出したけれど、冷たすぎて泳げなかった）。美しい海はずーっとずっと眺めていたい。赤ちゃんみたいに、柔らかい砂と、そこにいた優しい太陽の光を忘れたくないと思って必死に私の中にとどめようと努力した。カメラじゃなくて目をシャッターにして、鉛筆じゃなくて感触で肌にスケッチする。海は繋がっているんだけれど、ここでしか見られない、その海がある。

　追記：アバンギャルドかつ、味もおいしかったので書きとめておこう。夜ご飯のメモ。前菜のパフォーマンス、パレット、レディー・ガガみたいなコックさん（首にはキティちゃんのタトゥー）、マンゴー入りの黄色いソース、スパイス入りのチョコレート、謎の塩味のゼリーソース、胡桃のペースト、バジルとなんとかのソース、ベリー系のなんか不思議なソース、私の舌、飛び跳ね踊る、味覚的な驚愕。

Hisae Maeda

Izumi Shiokawa

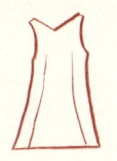

　まだまっしろなダイアリードレスを着た。
　朝陽が入るオレンジ色のカフェテリアで朝食。コーヒー、パン。空気は冷たいが寒いほどではない。噴水のむこうには青い空。
　リガ郊外。シルバーにかがやくモミの葉をちぎって、顔をよせてみた。針葉樹の形態と色を香りに置き換えたみたいな香り。空、木々、髪、瞳……、いろんな色の違いが遠くに来たことを感じさせる。陶芸工房を体験したあと、ラベンダー色の鳥のティーポットにひとめぼれ。壁に貼られた鳥のドローイングを眺めていたら、工房のイングリーダさんが、いろんな人で一枚の絵にしたのだと説明してくれる。
　近くのテラスレストランへ行き、バルト海の近くにいることを知る。バルト海！　お天気も良く、おひさまの下ランチタイムを過ごす。ヤドヴィーガさんも運転手のビルニスさんもときどきにこっとする。こちらの人はむやみににこにこしない印象。
　市内にもどる途中、白樺や松の森がずっと続いていた。なにかを見たような妄想。絵を描きたくなってドレスに描く。
　夜は、気になっていたレストラン"3人のシェフ"へ。キティのタトゥーの女の子の、ソースの魔法で食べるディナー。イマジネーションふくらむ、楽しくてすばらしいレストランだった。
　タクシーで寮に戻る途中、ダウガヴァ川をわたる。
　テレビ塔がひかっている。トランプして就寝。

　目が覚めると知らない部屋にいる。そうか、ここはリガなんだ。自分がどこの誰なのかわからなくなるような外泊の朝は、小さな頃のホームシックを思い出してすこし切なくなる。

　リガ滞在、1日目。寒い。男子がシャワーを浴びていないことを確認してササっと歯を磨きにいく。

　今日からリガを案内してくれるヤドヴィーガさんとビルニスさんが車でみえる。お二人ともまじめそうで優しい方。ブルーグレーの瞳。でも時々とても控えめにジョークらしいことを言っている（気がする）。

　車で陶器の工房へ向かう。道路は皆びゅんびゅんスピード出していて怖い。車窓の景色にもなれてくると、テレビ塔を横目に話題は恋の話。東京と変わらなくて可笑しい。

　工房で猫コップを作り、バルト海をのぞむレストランで昼食。ときめきすぎてドレスのことを忘れていた。街に戻りミトンのお店に入る。壁一面のミトンに興奮最高潮。白＋紺、茶＋紺のシンプル2組を購入。

　夕方入ったカフェ"kama"（ここ、すばらしい）のおねえさんお勧めのレストラン"3人のシェフ"に行く。期待通り、それ以上！　今日の、すべてにおいて。

Chika Higashi

11
september
2013

「おはよう」
「おはよう」

　ラトビアの特産物でもある琥珀を思わせる太陽の光。朝起きたらミームがいる、ベッドを連ねて、寝ている。これだけでも、旅は非日常だなあ。

　朝ごはんを食べたら、またヤドヴィーガさんたちがお迎えに来てくれた。そして夕方にはお別れだった。ほんの2日間だったけれど、別れ際泣きたくなった。お二人の暖かさを随所で感じたからだろう。ありがとうございました。またお目にかかれる日まで。

　まだまだ白いドレス。描くのもためらい緊張もしながら。そうだ、明日はハガキと切手を買おう。このリガの旅のためにダイアリードレスを作ってくれた岡野さんに、この土地の印象を書いて届けよう。日本に着くのはハガキが早いか、私たちが早いか。どちらかな？　ラトビアの切手、選ぶのも楽しみだなあ。

Hisae Maeda

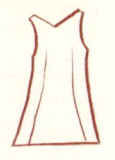

　オレンジカフェで朝食。ラトビア、お料理にたくさんハーブが使われていておいしい。

　午後はカゴ工房でカゴを編んだあと、隣接のご自宅でお茶会。ご夫婦もおばあちゃんも楽しそうにお茶をする。おじさんが庭を案内し、リンゴをもいでプレゼントしてくれる。ご自慢の庭なのだそう。「もっといい、ここではないどこか」を、いつも、つい探してしまうので、「ここが一番いい」と思って暮らしてる人に会うと、胸がいっぱいになる。ここでの時間、忘れられない。

　ラトビアのレストランチェーン"LIDO"でランチ。店員さんが伝統衣装を模した格好。花輪を頭にのせて、かわいらしい。

　そのあとリネン工場"LM"へ。工場といっても部屋みたいなところ。年代問わず、女性がたくさん働いている。工程別に部屋がわかれていて、みんな植物やカレンダー、レースをかざったりしている。それがなんとも素敵。

　ヤドヴィーガさん、ビルニスさんとお別れ。リガでのお父さん・お母さんみたいだったので、別れを惜しみ、さようならする。

　夜は、オーガニックレストラン"Eco-catering"へ。サラダバー、新鮮な食材がふんだんにあって、都会的な味。

Izumi Shiokawa

　一日一日が濃すぎてとても3日目とは思えない朝。カーテンが無いから容赦なく朝日が差し込んで自然に目が覚める。今日も体調はいい。カゴ編みの体験へ行く。

　ドアを開けたら天井までカゴの山！ご挨拶前に大興奮。我を忘れるとはこのことだ。こんなに沢山の種類のカゴ見たことない！　全部欲しい！

　家族で営まれているようで、挨拶していると奥から犬もでてきた。私たちの匂いをひと通りかぐと戻っていった。大きなお母さんは明るくて英語が達者でよく話す。もっと大きなお父さんは職人さん。無口で顔も怖いけど優しい。

　長閑(のどか)な午前中、3人で黙々とカゴを編む。お父さんは編む順をまちがえるとなにも言わず近寄って来てほどいて編み直してくれる。いつまでも要領を得なかった私のカゴは6割方お父さん作だ。

　カゴ編みが終わり、奥のテーブルでお茶会。足の間に犬がきてお菓子を頂戴と言っている。お父さんがお庭でリンゴをもいできて無言でにっこりするので、にっこり、いただく。リンゴを持つ手がとても大きかった。

Chika Higashi

12
september
2013

　街中で時々お目にかかれるボディコンシャス。ブロンドヘアーに、抜群のスタイル、肩パット入りのジャケット。ジャケットの下には、ボディコンシャスドレス。

　そのスタイルは、ある一定の美貌の持ち主だけに許された着こなしと思えてならない。どんなにおしゃれさんでも、このラインは難しい。

　リガに向かうフライトの機内誌からちょうどアズディン・アライアの記事をスクラップ用に切り抜いていた。やっぱりアライアは秀逸。

Hisae Maeda

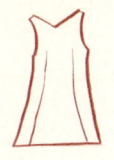

　まだアイスクリームを食べられる気候。ラトビアの人は短い夏をいとおしんでいる。
　ラトビアの人は原色が好きな様子。ラトビアの花屋は、原色の強い色が並び、花ですよ！って、主張してる。街では、原色のボディコン姿の人を多く見る。ボディコンといえば、ブティックのウィンドウは本当にそんな服ばかりで、おかしかった。ダサいとも感じるけど、それより、短い夏にはりきってボディラインを出していることが、とてもキュートで、力強く感じる。
　新市街まで散歩。黒い壁、角の家。ちょっとずつ、ラトビアのことを知る。
　野外お絵描き教室の子どもたちに遭遇し、ドレスにお絵描きしてもらう。ドレスに描くのはまだ慣れない。
　ミエラ通りの近くを歩いていると、チョコの香り。"LAIMA"（ライマ）のチョコレート工場があるのだそう。私たちも昨日、食べていたライマのチョコレート。
　今日買ったお面で遊びながら、リエリエカビ（墓地）周辺を夜の散歩。秋田犬をつれた女性とすれちがい、びっくりして思わず尋ねたら、たけしという名前。すごい！
　ラトビアの人はほんとうに親切で、今日もたくさんの親切をうけ感激した。親切のあと、シャイそうにさーっと走り去ってしまうのが特徴。

Izumi Shiokawa

　今日からガイドさんがいないので、はじめてこの地に降り立った感じ。ちょっと緊張する。
　そしてダイアリードレスの本領発揮。"ZIB"（ジップ）でたくさんの女の子に囲まれて、道で会った女の子たち（高校生？）にも書き入れてもらい急にカラフルになった。みんな恥ずかしがりやで近づいてくるまではおそるおそる、でも描き出すととても真剣に取り組んでくれる。最初は固い顔しているけど、一度扉を開けたらとても優しくて柔らかい笑顔を見せてくれる。この街で会った人の多くがそうで、その感じはどこか日本っぽくも感じる。

　夕方入ったDADカフェで、3人でビール。やっと落ち着いた。日が暮れ始めた空と黄色っぽいお店の灯りが心地良い。お店で働く恋人を待つ男の子、窓辺で並んでいる恋人も可愛い。店内で家族が夕ご飯を食べていて、お兄ちゃんと弟がこちらを気にしている。みんなリラックスしていて、良いお店だな。とろりとしたブロッコリーのスープがおいしい。今日は人にたくさん会って胸いっぱいで、スープだけで十分満たされる。

Chika Higashi

13 September 2013

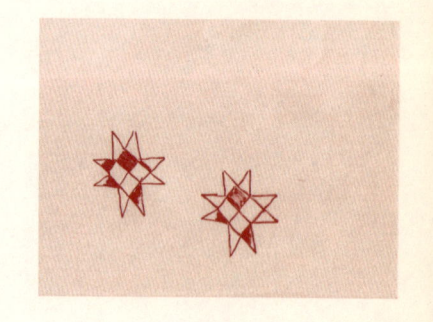

リガの街で、美しい女の子に恋をした。その子は古いチョコレート屋さんで働いている。1910年創業の素敵なアールデコが色濃く残る店内に惹かれ、テイクアウェイでチョコレートを買った。娘はストロベリーとナッツ、私はお抹茶みたいなチョコだった。どちらも小さな球体で、隣にあったおいしそうなクロワッサンも朝ご飯用に買った。娘はクロワッサンに目がない（と、話がずれないように）。

言葉が通じないから余計に、勝手な妄想の恋心に火がつく。話すと、もしかしたらヒドイかも知れない。でも私はいでたちと、瞳と、雰囲気と、話し方に恋したのだ。言葉が通じない、妄想の恋。彼女に会えたらいいなと、立ち寄り、会えたから嬉しかった……。

白い陶器みたいな肌に栗色の波寄った髪をゆるやかにまとめて、クラシカルなピアスと地味目小花柄のお洋服。服のトーンはチョコレート色でその全体像の中で彼女の白さと瞳が際立つ……。

ふふふ。ここまで書けるのは、恋だな。あのチョコレート屋さんを思い出すと同時に浮かぶ彼女の横顔。写真に撮りたくなる女(ひと)でなく、スケッチしたくなる女。

きょうもおやすみ。またあした。

Hisae Maeda

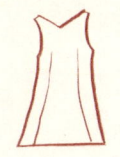

Izumi Shiokawa

旅も5日目。いつものオレンジカフェで朝食ミーティング。ケフィア、黒パン、サラダいろいろ。

郊外のラトビア民族野外博物館へ。ラトビアの人の暮らしの歴史を、まるでさっきまで使われていたような状態で見ることができる。花、ベッド、ゆりかご。ミトン干し、樺細工、木の箱。柏、月桂樹、魔除け、風車……。いろんな人の一生が家や道具に刻み込まれている。

市内に戻り、老舗のチョコレートカフェ、V・キュゼ。アールデコ仕様の店内がとても素敵。お店のおねえさんも、セクシーでキュート。

広場周辺のお土産ショップや大聖堂近くのピエネへ。お土産デイ。ラトビアは琥珀が採れるらしく、並ぶお土産に、これでもか！と琥珀のかけらが貼られていて、おかしい。

旧市街の中世レストランにて夕食。地下の穴ぐらで、ローソクの火だけで食べる。薄暗くて手元も見えないほどだけど、昔はこうやって食事していたんだなと思って、タイムトリップ。蜂蜜っぽいビールを飲み、中世のパンを食べる。暗いと、親密な気分になるね。

昨日DADカフェに忘れた地図を取りに行き、帰宅。

眠りながら、ペソアを読む。つかまえられない絵のことを考える。ドレスに描く絵も、そんなかんじである。

今日は思いきって遠出して民族野外博物館へ。

広大な敷地の中、周囲を美しい森に囲まれた道を行くと、湖に沿って集落が作られている。うっかりタイムスリップしてこの時代に出て来てしまったみたいで妄想がとまらない。私たちのような外部の人が来ると住民はみな姿を消すのだけど、時間がくればざわざわと動きだすのだろう。そう思うとお家の中にも気配を感じる。民族衣装を着た人に時々すれ違う。あまりに自然に、ずっとそこにあったようにつくられていて、現実と妄想がよくわからなくなっている。

森の中で売られていたお守りを買った。乾いた穂を糸でくくっただけのシンプルなもの。厄払いで扉にかける。

「自給自足の時代の生活って、なにもなくて美しいな」

iPhoneで撮った写真を見返しながらつぶやく、矛盾。現実。

Chika Higashi

14
September
2013

　リガの新市街と旧市街を隔てている清らかで趣のある小川の合間を縫って、緑が生い茂る広々とした公園を散歩した。
　子供たちが遊び、カップルが肩を寄せ、ご老人が闊歩する。仕事中かしら？ 公園を通り道にして携帯で話しながら歩いている人も。
　公園の中に野外劇場があり、きっと休日は催し物があるのだろう。舞台上には、なにもないのに、舞台前の整列された石のベンチは人がちらほら。しかもベンチをまたいで、向かいあって座っているのはおじさんたち。
　このほのぼのした空気感に引き寄せられ、近づいてみると、チェスやゲームをふむふむ楽しむ人たち。30〜40人くらい、いた。
　日本で、こういう文化ってないと思うの。公園に自然に集まり、顔なじみの人たちがゲームする。日本は、縁側で将棋を指したりするけど、ゲームをやるのは軒下だと思った。ゲームって本来フリーで楽しめるものだったなあと。ゲームをするための場所代とゲーム代金がある日本の現状にすこし嫌気がさした。こんな場所というか風習があるのは、とてつもなく素敵なことだ。みんな寒空の下、ジャケットきゅっとしめて、腕を組み次の一手を考えてる。
　公共の園。そうだ、そうだ。公園はみんなの憩いの場だわ。日が暮れて、キリよく勝負がついた頃に、奥さんが用意したご飯なにかなあとか考えたり、老後のことを思ったりしつつ家路につくのかしら？
　なんて勝手な想像にふけるのでした。

Hisae Maeda

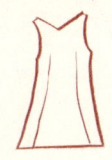

　ちょっと寒い。急に秋が来た。
　朝、カルンツィエマのマーケットに行く。ウズラのたまごがずらっと並び売られている。黄色、白、黄色、白。むいてみたら、裏が、なんと、うすいミント色。感激。色にひっぱられる。
「ラタンの縁かざりつきの猫の絵のお皿、気になるね」って話していたら、あっという間になくなってしまった。ちいさなマーケットだけど、人形劇やメリーゴーランドもあって、売られているものもホームメイドのものが多くて楽しい。「朝、森で採ってきたのよ」なんて言って夫婦で売っていたキノコや、チーズとパン、野菜を買った。
　散策のあと、BONERA＝Bonheur（ボネーラ＝ボヌール）で休憩。カフェはおしゃれで、ケーキも都会の味。ビールを飲む、その名のとおり、幸せ。トイレのある地下には、古い雑誌のYSL（イヴ・サンローラン）やB.B.（ベベ）の切り抜きコラージュ、シルバーの靴のタワーなどがある。色あせたモノクロの世界で色は底に沈んでいるのだけど、かつての光を思い出させる。ちょっとキューブリックの「シャイニング」のホテルを思い出す。
　今晩は寮にて、朝のマーケットで買ったキノコを焼いたりしてディナー。そして、ちかちゃんの娘、いろは渾身の、最高の、ダンス・ショー。素敵で、おかしくって、幸せ。こういうこと、東京でもしたい。

Izumi Shiokawa

　海外に旅行にくると、なにより楽しみなのは週末のマーケット。日本を出る前にしらべておいたカルンツィエマのクラフトマーケットに向かう。

　日に日に冬に近づいているラトビア。ドレス、寒！　でも到着したら雰囲気も内容もすばらしいマーケットで一気にテンションがあがる。リアルな猫がたくさん描かれ、籐で縁取りされた素敵なお皿が３人の目に入り、ひゃー！

　でもまずは温かいものをお腹に入れてからにしよっかとその場を離れたのだけど、戻ってきたら、時すでに遅し……。マーケットの教訓はひとめぼれしたら即買うべしだったのを忘れていた。あーあ。

　気を取り直して散策。２日目に行ったおいしいオーガニックレストランが出店してる！　新鮮なハーブも山羊チーズも果物のシロップも、旅行中じゃなかったら絶対買うのにな。珍しかったのはザワークラウトを漬けたあとの汁が飲み物として売られていること。あと蜂蜜屋さんにあった、まあるい花粉。蜂の足についている黄色の塊が袋にいっぱい。一体どうやって採集してるんだろう。

Chika Higashi

15
September
2013

　リガの街は石畳の美しい旧市街と、緑の美しい新市街に分かれている。今日はどちらもまたいで行き来し、たくさん歩いた。

　歩く速度は、脳に快適な思考をさせると聞いたことがある。車の速度では発見できないことがあるのだ。行き交う人たちとのアイコンタクトや会話も発見のひとつ。

　目をきょろきょろ、首をくるくる、頭を下げたり上げたり、地図を広げて、石畳の街をよく歩いた。その姿がそのまま訪問者という名札を付けてるみたいだったのだろう。たくさんの親切を受けた。

　もう明日は最後の日なのに、まだまだ見たいし歩きたい。あそこもここも行ってみたい。

　尽きない旅心とは裏腹にやっぱり食べたい日本食。温かい麺類が食べたくてしょうがない。パスタはあっても、汁物の麺類は意外とないのだ。うどん、そば、ラーメン。ふうふうと湯気をかき分け、呼吸するようにすする恋しさよ……。

　あれはアジア独特の、または、私の中で定期的に必要な呼吸法？　そうか！と気づく。

Hisae Maeda

今日も寒い。朝、カフェ・ピエネネにて、スペシャルドリンク「ラトビアの青汁」を飲む。まずい！

「〜イスタバ」というお店をよく目にするけど、ラトビア語で「〜の部屋」という意味らしい。徹子の部屋とか、「Chez〜」とかもあるもんね。世界共通のネーミング感覚、面白い。

「memeの木」と名付けた木から自由記念碑が見える。この眺め、この木、とても好き。

ちょっとキッチュな自然歴史博物館へ。しっぽの男の子、悪魔みたいなツメをした人間の手足の資料もあって、何だったのか気になって、かっぱや鬼の話をする。

旅に出てわかること。「じっくり考えたい」という欲求があると思った。スピーディさについていこうとしているけど、絵について、惹かれるものについて、それがなぜなのか、どうなのか、じっくり考えてみたい。いまは魅力的なしっぽを手当たり次第かすめるような接し方。

最後の夜のディナー。なぞのタイフードなどもあるお店にて。今日もグラジオラスみたいな花を、よく見た。グラジオラスかな、多分そうだろう。モリッシーが持っていた、ずらっとならんだ花。

Izumi Shiokawa

リガに来て毎日ケフィアを食べてる。健康的。ヨーグルトではなくケフィア。ヨーグルトはあまり見かけない気がする。ディルやパセリが入っていたりして甘くなくておいしい。

毎朝ご飯を食べる食堂はお野菜たっぷりなおかずが多い。リガに来て、食事のストレスがないのがなにより嬉しい。（初日に入ったレストランでラトビア伝統料理というのを頼んだら、蒸したジャガイモに魚のマリネ、カッテージチーズ。キュウリ、たまねぎ、トマトのシンプルなものだった。北欧の料理に似てるのは近いからかな？）

今朝は自然食のカフェで、パワー爆発みたいな名前の黒いジュースを飲んでみた。ラトビアは伝統的に薬草療法があるらしく、だからなのかハーブティーにもしっかり効能が書いてある。ここのお店の名前も薬草としても使われる"pienene"（タンポポ）。忘れて帰らないようにリガの薬草酒ブラックバルザムは買っておく！

Chika Higashi

16
september
2013

　今日でダイアリードレスとは一旦さよならだ。この一週間で思ったことを記そうと思う。

　知らなかったことを知ることが、自分を知るキッカケになることが多い。友人、恋人、家族、他人。人と接することで、自分の好みを再確認したり、新しい発見があるものだと常々思う。全く知らない国に行くことも同じように思う。日本列島からふわりと宙に浮き、空中移動し、異国の地に足をつけ、その不思議さに体が慣れてくるころかしら。視覚的にも、五感を通しても、「外の国」にいる自分がいて、自分が日本人だと感じる。

　日本にいても、そう感じることはできる。本を読んでも絵を見ても、音楽を聞いても、会話をしても、旅ができる。距離がなくてもできるけれど実際、身体までもが移動するという、ひとつの面倒な動作が入ることで、肌から吸収できる。言葉とビジュアルをいくら重ねても表現しきれない「この感触」はやはり本人だけのもの。

　今日一日歩いて、そんなことを考えると同時に、日本とラトビアの共通点がたくさんあることも感じた。

Hisae Maeda

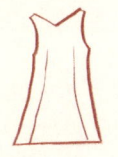

昨日、旅の最後の夜、事件が勃発。寮の部屋の鍵が、消えてしまった。

あちこちひっくり返して、結局、小さな戸棚の奥から出てきた。

この寮でベッドをならべて眠ったこと、洗濯ものの風景、朝食。ビジネススクールの生徒たちに囲まれて、とってもおかしくて奇妙な滞在だったから、きっと忘れられないと思う。

郵便局に行き、手紙もようやく出す。

なんにも知らない街に降り立ったこと。まっさらで出会って、知っていく旅のフレッシュさとダイナミックさを思いながら、鎖国の江戸時代に世界一周をしたという、石巻の若宮丸漂流民の話をぼんやりと思い出していた。

空港へ行き、ラトビアのレストランチェーン"LIDO"で朝ご飯。リガの旅が終わる。

Izumi Shiokawa

自分とは無関係に存在しているように思えていたもの（それは本だったり言葉だったり風景だったりする）に驚くほどがっしり抱きとめられてしまうことがある。

どうしてこんなに受け止めてくれるんだろうというくらいの、事故のような出会い。そんな出会いがあると、まだまだ人生は捨てたものじゃないなと生きていく栄養になる。

魂の感度がよいときは、なにかを察知してそこへ運んでくれる気がする。

3人で来られた今回の旅もそうだったように思う。私にとって絵を描くことはどうなんだろう。

## おわりに

『実録！ダイアリードレスとは一体なんだったのか？』って渋いタッチでドキュメンタリー調のタイトルにしようか、なんて冗談言いながら、いよいよ山場にさしかかった編集後半戦。日中の仕事を片付けたあと、もうひと踏ん張り！と気合い入れ、遅くまで開いてるカフェや深夜のファミレスに集まり、ダイアリードレスという作品について夜な夜な話し合った。

　なぜ、私たちは絵を描くのか。その絵の可能性、絵を描くという行為の瞬発力と永遠さ。絵を描くに至るまでの事象と経過した時間をどんなツールで表現するのか。布、絵（日記）を再確認する作業と同時に、本というツールを通してなにを表現したいのかが見えてきた。私はこの時間がミーム的というか、とても好きだ。

　今回リガと出会い、ダイアリードレスという表現方法にたどり着き、そこからまた本に派生した。この一連の流れの中で協力してくれた皆様へ心からお礼申し上げます。

　次に着るダイアリードレスはどんな形で、どこの土地へどんな風に導かれるんだろう。

　そのまだ描かれぬ、白い空欄を楽しみ膨らませながら。

ひがしちか


　まっさらな白いドレスで出発して、そこに日々の記録を描き込んで帰ることは、冒険家が日に焼けたり傷を作ったりして帰ってくるように、目に見える形で現れた身体の記憶のようにも感じる。まるでドレスが肌になったみたいに。

　異国のはじめて会ったばかりの人と触れあうくらいの距離に近づいて、出会いの記憶を肌に刻み込んでもらう行為は強烈で、一歩踏み込んだコミュニケーションからその国の人をより知ることができた。

　ダイアリードレスの旅。3着の日記は続きます。

塩川いづみ


　まっしろなワンピースに、ダイアリードレスと名付けて旅に出ることにした。

　紙とちがって、失敗してもやぶって捨てたりできない。うまく描けないこともあった。だけど、久しぶりに取り出したドレスを見たら、感情がこぼれてくる。記憶と洋服は密接で、時には写真を見るよりもなまなましい。描けなかったことも、ドレスに刻まれているのかもしれない。旅したドレスは、旅する前のドレスとはちがってしまっている。

　旅では、まだ知らない、心ゆれる風景を探していた。それを絵でドレスにとどめようとしてみる。ここに来なくては出会えなかったもの。その時にしか描けない旅の日記を。

　世の中に存在する日記の多くが、最初から内容に価値を見いだして書かれたわけではないように、この「3着の日記」もそうだと思う。でも、この本が、「私たちが見たリガ」を伝える本になっていて、これを見た誰かが同じように、気持ちがゆれる風景を見つけに出かけたくなったらいいなと思う。

　また時間を経てドレスを見たら、どんな気持ちになるだろう。私たちの日記はつづいていく。

前田ひさえ

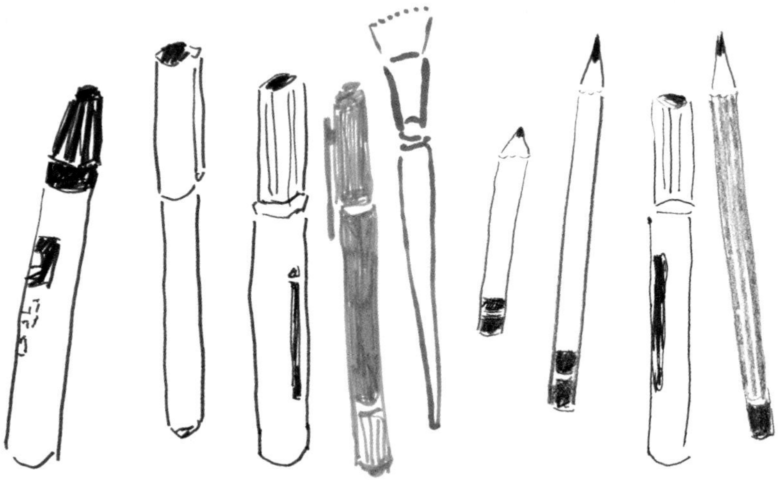

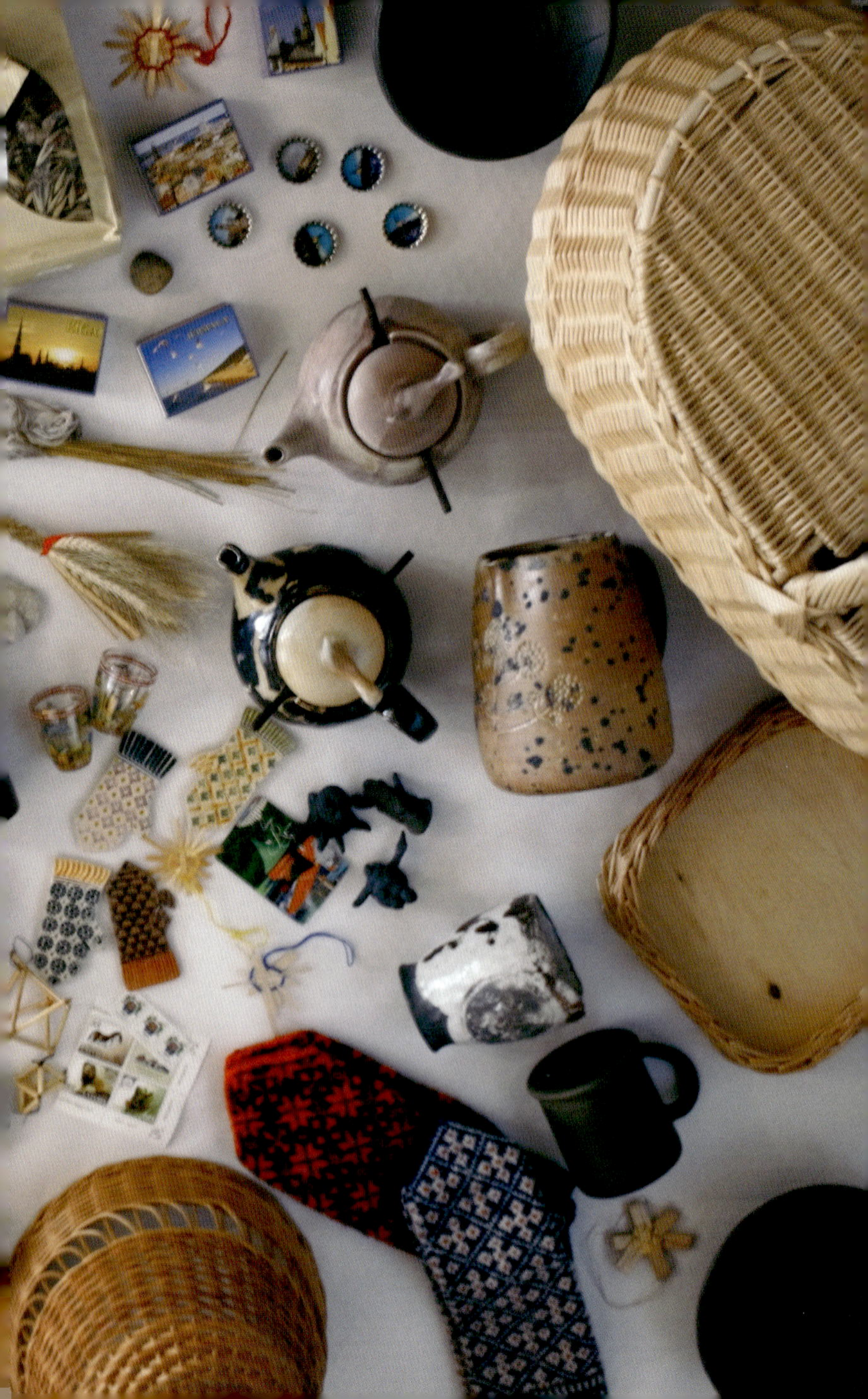

Souvenir

お土産 Suvenirs

Izumi's Diary Dress

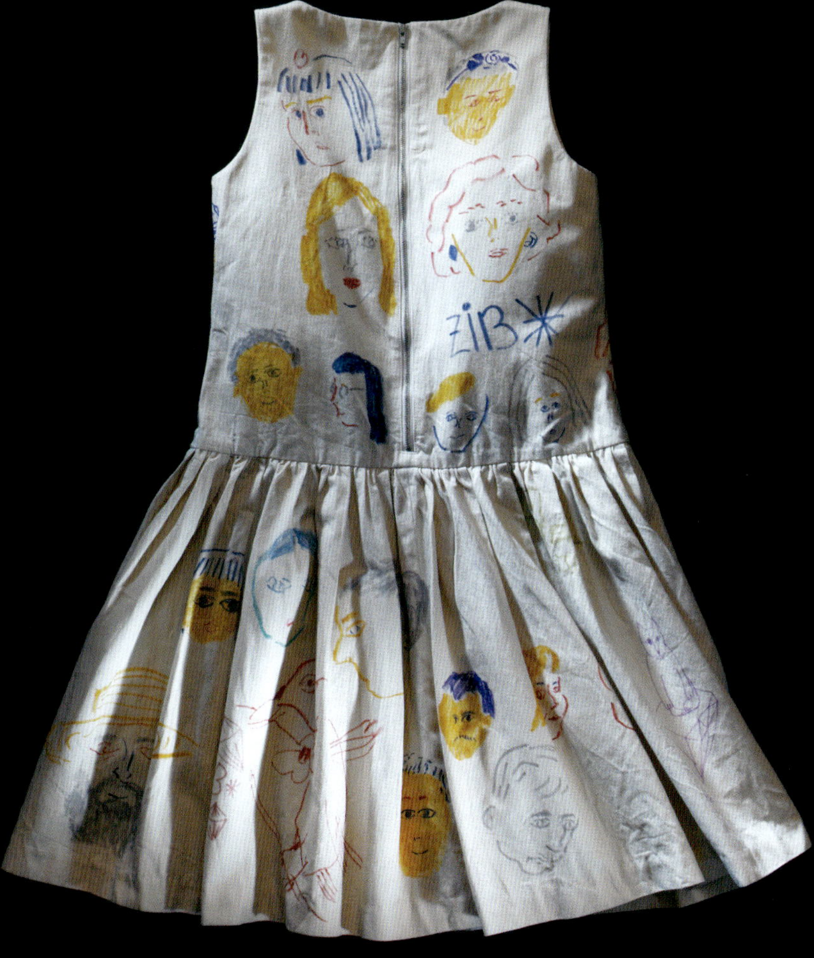
ZIB

Chika's Diary Dress

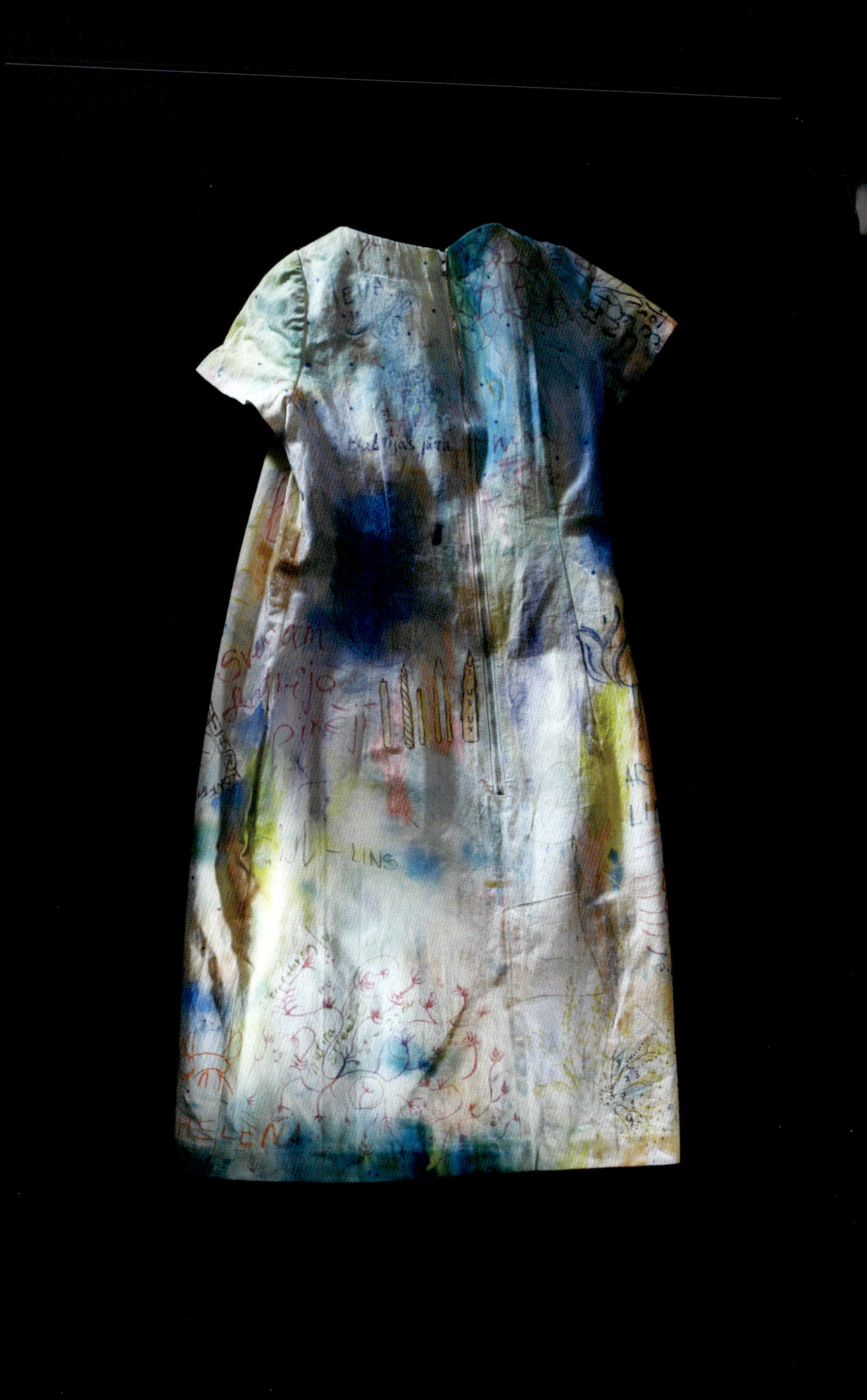
LINS

Hisae's Diary Dress

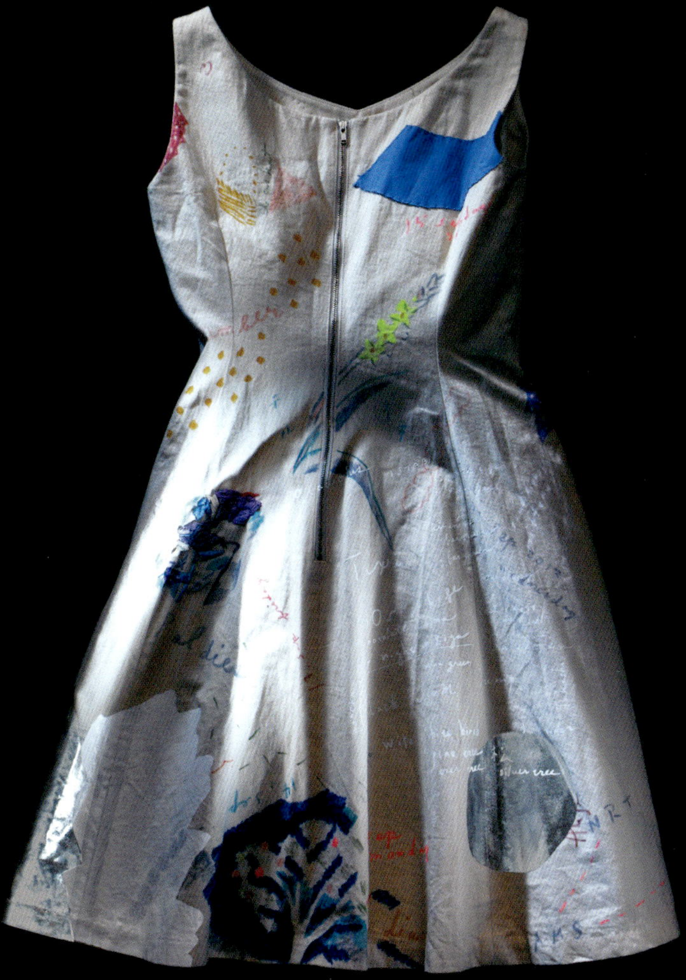

white pine bird
pine tree
our tree   silver tree

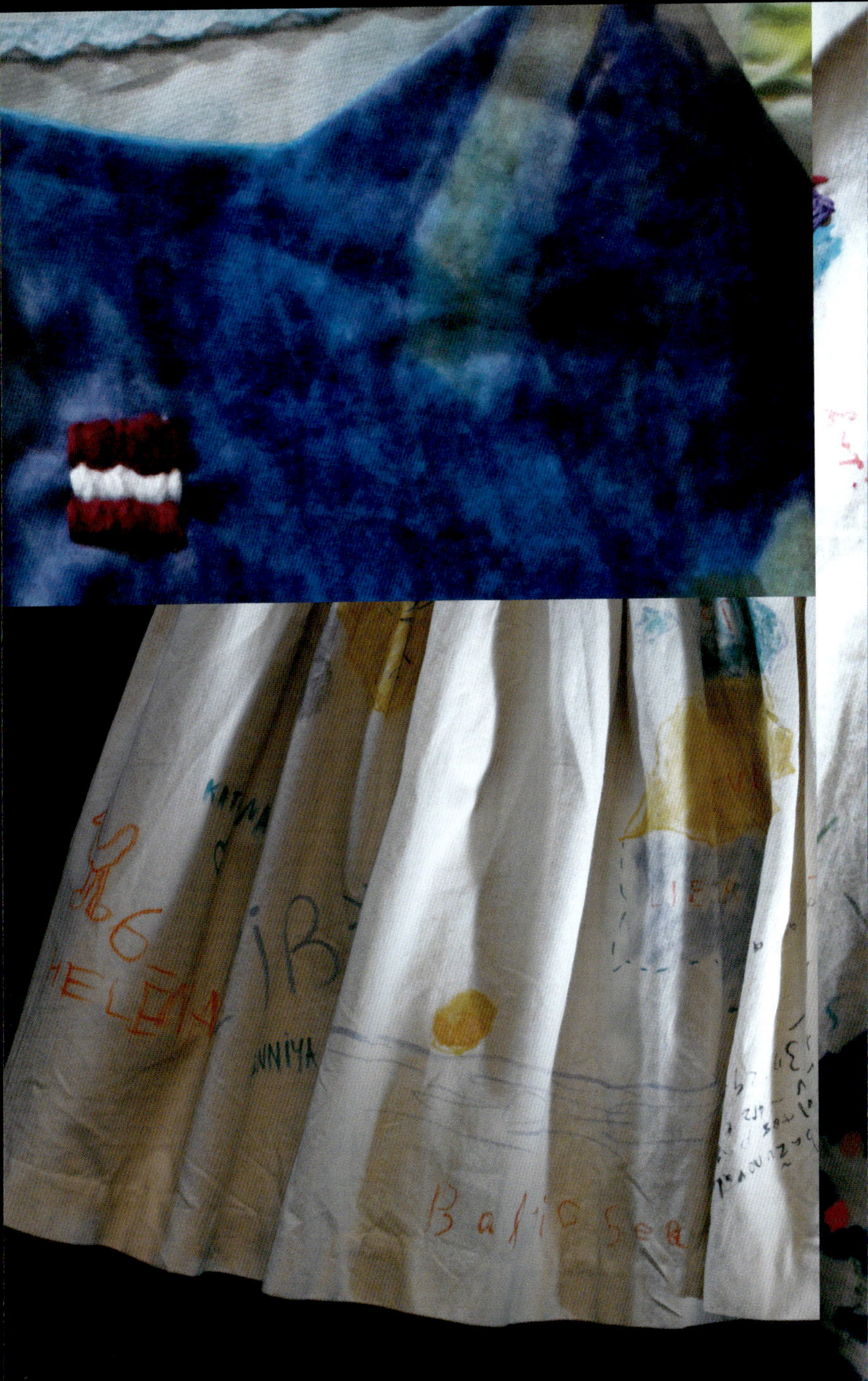

写　真
山口恵史（4〜5頁、116〜123頁）

翻　訳
宮城 太（12〜13頁）

ドレス制作
FOR flowers of romance

編集協力
工藤千愛子

特別協力
ラトビア共和国大使館、ラトビア投資開発公社
ラトビア政府観光局

thanks to
アルタ・タバカ、アリナ・アシェチェブコワ
ヤドヴィーガ・ネイマネ、増崎真帆、いろは

参考文献
アルタ・タバカ編『リガ案内』土曜社、2012年
J.Rainis "Lāuztas priedes" Liesma, Riga, 1967

# 著者略歴

meme〈ミーム〉2012年4月に結成。「日々綴る絵は日記である」ということを軸にした、絵と布にまつわるプロジェクト。さまざまなものと出会い、変容しながら表現をしている。
www.we-me.me

ひがし ちか〈ひがし・ちか〉日傘作家
1981年、長崎に生まれる。2010年より一点物の日傘のブランドCoci la elle（コシラエル）を主宰。独特の色彩感にユーモアを織り交ぜた斬新で詩的な表現を展開。www.cocilaelle.com

塩川 いづみ〈しおかわ・いづみ〉イラストレーター
1980年、長野に生まれる。多摩美術大学グラフィックデザイン学科卒業。広告、雑誌、商品などのイラストレーションを手がけるほか、ドローイング作品の展示発表も行う。
www.shiokawaizumi.com

前田 ひさえ〈まえだ・ひさえ〉イラストレーター
1978年、和歌山に生まれ、横浜で育つ。多摩美術大学卒業。雑誌挿絵や書籍装画を中心とした仕事のほか、個展での作品発表も行っている。クリエイティブユニットkvina（クビーナ）のメンバーとしても活動。www.hisaemaeda.com

## 3着の日記　memeが旅したRIGA
さんちゃくのにっき　みーむがたびしたりが

著　者
meme（ひがしちか、塩川いづみ、前田ひさえ）

カバーデザイン
服部一成

本文組版
豊田　卓

2014年6月30日　初版第1刷印刷
2014年7月10日　初版第1刷発行

発行者 豊田剛
発行所 合同会社土曜社
150-0033
東京都渋谷区猿楽町11-20-305
www.doyosha.com

印刷　株式会社精興社
製本　加藤製本株式会社

*Sanchaku no Nikki: meme ga Tabishita Riga*
by
meme: Chika Higashi, Izumi Shiokawa and Hisae Maeda

This edition published in Japan
by DOYOSHA in 2014

11-20-305, Sarugaku, Shibuya,
Tokyo 150-0033, JAPAN

ISBN978-4-907511-07-4　C0071
落丁・乱丁本は交換いたします

All rights reserved
© meme 2014

土曜社の本

\*

# リガ案内

00年代を通じて、北欧・東欧の各国を発し楽しんできた、好奇心あふれる日本の旅行者たちへ。次の旅先として、バルト三国きっての都、世界遺産の街リガの魅力をご紹介します。案内役は、地元リガで活躍する建築家・起業家・デザイナー・詩人・哲学者などのリガっ子たち。ロンドン、ベルリン、モスクワはじめヨーロッパ各地で評判の定番ガイドブックが本邦登場。1991円。

\*

大杉栄ペーパーバック・大杉豊解説・各952円(税別)

# 日本脱出記

1922年、ベルリン国際無政府主義大会の招待状。アインシュタイン博士来日の狂騒のなか、秘密裏に脱出する。有島武郎が金を出す。東京日日、改造社が特ダネを抜く。中国共産党創始者、大韓民国臨時政府の要人たちと上海で会う。得意の語学でパリ歓楽通りに遊ぶ。獄中の白ワインの味。「甘粕事件」まで数カ月。大杉栄38歳、国際連帯への冒険！

# 自叙伝

「陛下に弓をひいた謀叛人」西郷南洲に肩入れしながら、未来の陸軍元帥を志す一人の腕白少年が、日清・日露の戦役にはさまれた「坂の上の雲」の時代を舞台に、自由を思い、権威に逆らい、生を拡充してゆく。日本自伝文学の三指に数えられる、ビルドゥングスロマンの色濃い青春勉強の記。

# 獄中記

東京外語大を出て8カ月で入獄するや、看守の目をかすめて、エスペラント語にのめりこむ。英・仏・エス語から独・伊・露・西語へ進み、「一犯一語」とうそぶく。生物学と人類学の大体に通じて、一個の大杉社会学を志す。21歳の初陣から大逆事件の26歳まで、頭の最初からの改造を企てる人間製作の手記。

# 新編 大杉栄追想

1923年9月、関東大震災直後、戒厳令下の帝都東京。「主義者暴動」の流言が飛び、実行される陸軍の白色テロ。真相究明を求める大川周明ら左右両翼の思想家たち。社屋を失い、山本実彦社長宅に移した「改造」臨時編集部に大正一級の言論人、仇討ちを胸に秘めた同志らが寄せる、享年38歳の革命児・大杉栄への胸を打つ鎮魂の書。

\*

傑作生活叢書『坂口恭平のぼうけん』全7巻（刊行中）

坂口恭平弾き語りアルバム『*Practice for a Revolution*』（全11曲入り）

ゲイツほか『世界論』、黒田東彦ほか『世界は考える』

ブレマーほか『新アジア地政学』、ソロスほか『混乱の本質』

サム・ハスキンス『*Cowboy Kate & Other Stories*』（近刊）

A・ボーデイン『キッチン・コンフィデンシャル』（近刊）

A・ボーデイン『クックズ・ツアー』（近刊）

マヤコフスキー叢書
\*
小笠原豊樹訳・予価952円〜1200円（税別）・全15巻

ズボンをはいた雲

悲劇ヴラジーミル・マヤコフスキー

背骨のフルート

戦争と世界

人　　間

ミステリヤ・ブッフ

一五〇 〇〇〇 〇〇〇

ぼくは愛する

第五インターナショナル

これについて

ヴラジーミル・イリイチ・レーニン

とてもいい！

南　京　虫

風　呂

声を限りに

paul dier !